MARCEL REICH-RANICKI

LAUTER LOBREDEN

MARCEL REICH-RANICKI

LAUTER LOBREDEN

Deutsche Verlags-Anstalt
Stuttgart

CIP-Kurztitelaufnahme der Deutschen Bibliothek

REICH-RANICKI, MARCEL:
Lauter Lobreden / Marcel Reich-Ranicki. –
Stuttgart: Deutsche Verlags-Anstalt, 1985.
ISBN 3-421-06282-X
NE: Reich-Ranicki, Marcel: Sammlung

© Deutsche Verlags-Anstalt GmbH,
Stuttgart 1985
Umschlagentwurf:
Reichert Buchgestaltung, Stuttgart
Gesamtherstellung:
Druckerei Wagner GmbH, Nördlingen
Printed in Germany

Für
MARTIN WALSER,
der behauptet,
meine Lobreden seien
keine Lobreden

»Ich war immer ein Bewunderer,
ich erachte die Gabe der Bewunderung für
die allernötigste, um selbst etwas zu werden und
wüßte nicht, wo ich wäre, ohne sie.
Auch habe ich meine Bewunderung nie den
großen Toten vorbehalten, sondern sie den
Lebenden zugewandt, wo ich nur konnte.«

THOMAS MANN
(1950)[1]

INHALT

VORWORT

Vorurteile – sagt Goethe in seinen »Maximen und Reflexionen« – »beruhen auf dem jedesmaligen Charakter der Menschen«; daher seien sie »ganz unüberwindlich; weder Evidenz noch Verstand noch Vernunft haben den mindesten Einfluß darauf.«[2] Ja, so ist es: Vorurteile, Urteile also, die feststehen, bevor die Angeklagten vernommen, bevor die Zeugen und die Sachverständigen gehört wurden, bevor man den Prozeß eingeleitet hat – sie lassen sich mit rationalen Argumenten höchst selten, wohl nur in Ausnahmefällen beseitigen. Gegen sie ist kein Kraut gewachsen. Und warum? Vielleicht deshalb, weil sich mit vorgefaßten Meinungen, was immer sie betreffen mögen, zwar nicht klüger oder besser, doch offenbar ruhiger und bequemer leben läßt. Denn das Vorurteil enthebt das Individuum einer Pflicht, die viele allem Anschein nach für besonders lästig halten und von der sie nichts hören wollen – der Pflicht nämlich, selber nachzudenken.

Auch im literarischen Leben wimmelt es, in unserer Zeit nicht anders als vor hundert oder zweihundert Jahren, von Vorurteilen aller Art. Zu den beliebtesten und hartnäckigsten gehören jene, die über die Kritiker im Umlauf sind. So heißt es immer wieder, sie seien verhinderte oder gescheiterte Autoren; und da es ihnen mangels Begabung nicht gelungen sei, Romanciers oder Lyriker zu werden, rächten sie sich fortwährend an den angeblich wahrhaft produktiven Geistern, an den Dichtern. Nie blieb ihnen der Vorwurf erspart, sie seien Parasiten und gehässige Nörgler, Querulanten und ewige Spielverderber.

Jedenfalls hat man Kritiker stets und überall (doch besonders häufig in Deutschland) als böswillige Menschen denunziert, denen es Spaß mache, anderen am Zeug zu flicken. Lohnt es sich, auf derartige Vorurteile ernsthaft einzugehen? Wie soll man tief verwurzelte Ressentiments bekämpfen? Sie werden unentwegt genährt und zwar nicht zuletzt von Schriftstellern – von Nichtskönnern, die für ihren Mißerfolg selbstverständlich die Kritiker verantwortlich machen, und, was ungleich wichtiger ist, von zu Recht anerkannten, ja hervorragenden Autoren, die, wenn sie mit dem Echo auf ihr jeweils letztes Buch unzufrieden sind, sofort die Öffentlichkeit gegen die Kritiker aufzuhetzen versuchen.

Indes trifft es zu, daß im Werk eines jeden Kritikers von einiger Bedeutung auch heute, wie eh und je, der Anteil der ablehnenden Besprechungen verhältnismäßig groß ist. Und es muß so sein. Alfred Kerr schrieb 1917: »Der Kritiker hat keine Angst als Tadler zu gelten. Jeder vernünftige Mensch ist gefaßt, daß die Mehrzahl aller Kritiker tadeln muß.«[3] Denn die Mehrzahl aller Bücher war und ist schlecht.

Oder sollte sich die Kritik von dem, was sie für verfehlt hält, schweigend abwenden? Vielleicht sollte sie, statt sich mit dem Mißratenen zu beschäftigen, darauf bauen, daß es von selber absterben werde? Sie würde sich damit ihren Pflichten entziehen, sie würde unverantwortlich handeln. Wenn die Kritik einen Auftrag zu erfüllen hat, dann jenen, pädagogisch zu wirken. Sie darf nie vergessen, daß die Nachsicht mit dem Schlechten ein Unrecht antut dem Guten. Sie muß also gegen das Schlechte einschreiten, um Platz zu schaffen – für das Gute oder zumindest für das Bessere. Lessing und Herder, August Wilhelm und Friedrich Schlegel, Ludwig Börne und Theodor Fontane, Kerr und Polgar – sie alle haben dies nicht nur wiederholt postuliert, sondern auch stets praktiziert.

Die Kritiker, an die wir uns heute noch erinnern und deren Arbeiten uns bisweilen auch dann noch interessieren, wenn die Gegenstände der Betrachtung in Vergessenheit geraten sind, hatten viel zu rügen und zu verwerfen. Aber man müßte blind sein, um nicht zu sehen, daß alle ihre Bemühungen ein gemeinsames Fundament haben – und es ist nichts anderes als die Liebe zur Literatur. Was immer ein Kritiker zu bemängeln und zu beanstanden hat, wie nachdrücklich er mißbilligen und wie kräftig er auch schimpfen mag – er hört nicht auf, sich insgeheim nach dem Guten zu sehnen. Die Tatsache, daß er es oft nicht finden kann (weil es gar nicht vorhanden ist oder weil er es übersieht), enttäuscht und erzürnt ihn. Daher die Schärfe, die Heftigkeit vieler Verrisse.

So darf nur jener tadeln oder verwerfen, der auch zu lieben imstande ist. Ohne Bewunderung und Begeisterung läßt sich der Beruf des Kritikers überhaupt nicht ausüben. Ohne Dankbarkeit, ohne Lust an der Verehrung kann sich niemand auf die Dauer mit der Dichtung befassen. Allerdings ist es in der Regel schwieriger, die Verehrung zu begründen als die Verwerfung: Schwächen eines literarischen Werks lassen sich leichter darlegen und nachweisen als seine Vorzüge. Daher ist die Kritik auch und vor allem die schwierige Kunst zu loben.

Damit wäre angedeutet, von welchen Überlegungen das Buch »Lauter Lobreden« angeregt wurde. Nur haben dabei – und es wäre unaufrichtig, dies zu verschweigen – auch persönliche Umstände eine gewisse Rolle gespielt. Vor einiger Zeit habe ich versucht, die Funktion und die Notwendigkeit der negativen Kritiken, also jener entschiedenen Ablehnungen, die man gemeinhin Verrisse nennt, in einem längeren Aufsatz zu erläutern. Dieser Aufsatz ist zusammen mit einer Auswahl meiner (eben negativen) Kritiken, die neueste Literatur betreffend, 1970 unter dem Titel »Lauter Verrisse« erschienen. Der Band hat seitdem mehrere Neuausgaben erlebt.

Das Buch wollte verstanden werden – so hieß es am Ende des einleitenden Essays – »als Plädoyer für jene Verneinung, hinter der sich nichts anderes verbirgt als eine entschiedene, vielleicht sogar leidenschaftliche Bejahung«. Mit anderen Worten: Was zum Gespräch über deutsche Literatur der Gegenwart beitragen sollte, war zugleich als Verteidigung der Kritik gedacht. Ob es mir gelungen ist, auch nur den geringsten Einfluß auf die eingefleischten Vorurteile auszuüben, ist mir nicht bekannt. Wer die Geschichte der deutschen Literaturkritik kennt, der weiß freilich, daß hier größte Skepsis geboten ist.

Hingegen hatte mein Buch etwas bewirkt, das, so unerheblich es auch sein mag, doch befürchten läßt, daß es Vorurteile, statt sie abzubauen, vielleicht sogar erhärtet hat. Denn von nun an wurde in Zeitungen und Magazinen, wenn man meinen Namen erwähnte, in Klammern der Titel »Lauter Verrisse« hinzugefügt. Er avancierte mit der Zeit, obwohl ich vor und nach dieser Sammlung eine Anzahl von Büchern veröffentlicht habe, die mir gewichtiger scheinen, zum (nicht gerade freundlich gemeinten) Markenzeichen.

Und obwohl ich im Laufe der Jahre viele, sehr viele zustimmende und oft auch enthusiastische Besprechungen geschrieben habe und mich bei gelegentlicher abermaliger Lektüre alter Kritiken sogar die Frage beunruhigt, ob ich nicht allzu häufig bereit war, Bücher zu feiern, die es, von heute her gesehen, kaum verdient haben, stand ich bald in dem Ruf eines Spezialisten für Verrisse und Hinrichtungen, wenn nicht eines um sich schlagenden Wüterichs. Auf einer Zeichnung von Friedrich Dürrenmatt hocke ich, mit einem überdimensionalen Federhalter bewaffnet, auf vielen Köpfen, offenbar jenen meiner Opfer. Die Zeichnung ist überschrieben: »Schädelstätte.«

Aber darüber beklage ich mich keinesfalls – und ich dürfte es schon deshalb nicht, weil auch ich Schriftsteller mit Formeln charakterisiert und sie also, ob ich es wollte oder nicht, oft genug mit Markenzeichen versehen habe, die den Betroffenen gar nicht recht waren. Doch wird man gewiß mein Bedürfnis verstehen, dem Buch »Lauter Verrisse« ein Buch mit dem Titel »Lauter Lobreden« an die Seite zu stellen.

Der Band enthält zwanzig Lobreden aus der Zeit von 1970 bis 1984. Es sind keine Buchbesprechungen, sondern tatsächlich Reden, gehalten aus Anlaß von Preisverleihungen und verschiedenen Jubiläen. Sie werden ergänzt von einigen Geburtstagsartikeln. Alle Arbeiten finden sich hier in ihrer ursprünglichen Fassung – also ungekürzt und unverändert. Die Reihenfolge innerhalb des Buches erklärt sich aus den Geburtsdaten der gefeierten Schriftsteller. Die Sammlung habe ich mit einem Plädoyer in Sachen Lyrik eröffnet und mit Notizen zur Tradition abgeschlossen; denn auch diese beiden kleinen Aufsätze sind Lobreden.

Frankfurt am Main, im Juni 1985   M. R.-R.

Reden wir offen: Die Lyrik – brauchen wir sie wirklich? Millionen Menschen leben ohne die Dichtung. Sie wissen von ihr nicht und fühlen sich dabei ganz gut: Nichts fehlt ihnen und vieles bleibt ihnen erspart. Denn die Lyrik ist eine höchst fragwürdige literarische Gattung – und es gibt Anlaß genug, vor ihr zu warnen. In der Prosa wird mit offenen Karten gespielt, in der Lyrik hingegen oft mit gezinkten. Bei ihr fanden immer schon jene Unterschlupf, die nichts zu sagen haben, doch unbedingt gehört werden möchten, die singen wollen, weil sie nicht denken können, die dichten müssen, weil ihnen das Schreiben unüberwindliche Schwierigkeiten bereitet.

Was sich in Prosa als unverkäuflich erwies, das wurde von vielen Autoren in Versen feilgeboten und auch an den Mann gebracht. Was zu töricht war, um gesagt zu werden, haben sie gern gesungen. Wären die Lyriker gar die Tenöre unter den Schreibern? Soviel ist sicher: Mit der Fülle des Wohllauts – oder zumindest des vermeintlichen Wohllauts – ließ sich intellektuelle Dürftigkeit effektvoll tarnen. Wer also feierlich sang und raunte, der brauchte die Frage nach dem Sinn und der Intelligenz seiner Worte nicht zu befürchten.

Ja, man liebte die Dämmerung und das Geheimnisvolle mehr als die Klarheit und die Nüchternheit, man traute der Beschwörung mehr als der Analyse. Die Denker schätzte man hierzulande vor allem dann, wenn sie dichteten und die Dichter, wenn sie nicht dachten. Der Mißbrauch der lyrischen Form zur Flucht ins Undeutliche und ins Verschwommene, zum Rückzug ins Unkontrollierbare bis hin zu den Müttern,

war und ist bisweilen auch heute noch ein Erzübel unserer
Literatur.

So war in Deutschland das Gedicht oft ein Refugium für
Autoren mit und ohne Talent, doch auf jeden Fall mit wenig
Geist. Und für ein Publikum, das willig der Aufforderung
folgte: Mitzusingen, nicht mitzudenken seid Ihr da! Wenn sich
gerade beim Volk der Dichter und Denker die Ansicht einbür-
gerte, man könne entweder Dichter oder Denker sein, doch
schwerlich beides zugleich, dann hat das mit dem Einfluß eines
großen Mannes zu tun, der freilich mit seinen zahllosen Äußerungen über die Literatur, zumal über die Lyrik und die Kritik,
viel Unheil gestiftet hat. Ich meine Goethe.

In seinen »Maximen und Reflexionen« findet sich die fatale
Feststellung: »Künste und Wissenschaften erreicht man durch
Denken, Poesie nicht; denn diese ist Eingebung...«[1] Man
mache sich nichts vor: Eine gelegentliche Fehlleistung war das
nicht. Goethe hat ähnliches leider oft wiederholt, so etwa in den
Gesprächen mit Eckermann, in denen er ganz ungeniert dekre-
tierte: »Je inkommensurabler und für den Verstand unfaßlicher
eine poetische Produktion, desto besser.«[2]

Derartiges wurde ein Jahrhundert lang in Deutschland andächtig zitiert. Immer wieder plädierte man, in der Nachfolge
Goethes, für die Inspiration und gegen den Intellekt und meinte
allen Ernstes, daß das Dichten die klare Denkarbeit beeinträch-
tige und das Denken wiederum der holden Dichtkunst schade.
Damit mag der Glaube an die erlösende Kraft der Poesie
zusammenhängen.

Aber die Dichtung hat noch nie jemanden zu erlösen ver-
mocht. Sie ist auch für die Belehrung wenig geeignet: Wer seine
Zeitgenossen aufklären oder unterweisen möchte, der ist gut
beraten, wenn er statt einer Ode einen Artikel oder eine Abhandlung verfaßt. Und wer da meint – um auch das noch gleich
hinzuzufügen –, mit Versen ließe sich auf den Lauf der Dinge
Einfluß ausüben, der macht sich rührende Illusionen. Nein, die
Welt verändern können die Lyriker nicht. Der unentwegt

davon redete, Bertolt Brecht, konnte sich immerhin dessen rühmen, daß seine Arbeiterlieder, von Hanns Eisler vertont, in den letzten Jahren der Weimarer Republik viel gesungen wurden. Doch hat weder das Solidaritätslied die Solidarität der Arbeiter noch das Einheitsfrontlied die Einheitsfront bewirkt – ebensowenig wie die Songs der »Dreigroschenoper« das bürgerliche Berliner Theaterpublikum zu erziehen vermochten.

Wie aber, wenn den Dichtern die Macht gegeben wäre, die Welt zu verändern? Wäre das wirklich wünschenswert? Zu oft haben sie der Tyrannei gedient und zu viele Torheiten sind im Laufe der Jahrhunderte von ihnen in bisweilen attraktiver Verpackung angeboten worden, als daß man diese Frage auch nur für einen Augenblick ernst nehmen könnte. Schon Plato wollte von den Dichtern nichts wissen. Also sollten wir wohl vor diesen unzuverlässigsten aller Kantonisten auf der Hut sein. Fragt sich nur, ob wir auf sie verzichten können, ob wir sie nicht doch brauchen, auch heute, gerade heute.

Jener römische Poet, der vor zwei Jahrtausenden stolz erklärte, er habe mit seinen Oden ein Denkmal errichtet, dauerhafter als Erz – geirrt hat er sich nicht. In der Tat, Gedichte, zarte Gebilde, gemacht aus dem flüchtigsten Material, aus Worten, können Jahrtausende besser überstehen als Tempel und Paläste. Es läßt sich auch nicht übersehen, daß die Lyrik mitunter imstande ist, wenn auch nicht gleich die Welt zu verändern, so doch erträglicher zu machen. Ja, sie kann das Individuum aus seiner Gleichgültigkeit reißen und vielleicht sogar aus den herkömmlichen Denkbahnen werfen.

Müßig wäre es, wenn nicht läppisch, wollten wir versuchen, die Lyrik höher einzustufen als das Drama oder die Erzählung. Gedichte sind weder besser noch tiefer als andere literarische Arbeiten. Aber sie sind anders, sie gehen weiter. Der Lyriker verbirgt sich nicht im Gedicht, er muß sich in ihm stellen. Das Gedicht ist die riskanteste, die schamloseste aller literarischen Formen. Ein Dichter – meinte Goethe und irrte diesmal nicht – sei umsonst verschwiegen, denn »Dichten selbst ist schon Verrat«.

Lyriker sind professionelle Exhibitionisten – nur daß sie nicht etwa ihre Blöße poetisieren, sondern sich in der Poesie bloßstellen. Daher können wir uns in der Regel eher mit einem schwachen Theaterstück oder mit einem mittelmäßigen Roman abfinden als mit einem dürftigen Gedicht. Der Dramatiker nimmt ja unser Interesse für seine Figuren in Anspruch und der Romancier für die Welt, die er zeigen möchte, der Lyriker hingegen stets und vor allem für sich selber. Wer sich aber entblößt, der provoziert seine Umwelt: Dramen, darf man wohl sagen, sind Angebote und Romane Einladungen – das Gedicht jedoch ist eine Herausforderung.

Doch las ich neulich, der Lyriker gleiche dem Schwimmer und sein Rettungsring sei die Form.[3] Das scheint mir ein unglückliches Bild. Denn ebenso könnte man sagen, der Rettungsring des Geigers sei die Violine. Nein, das Gedicht kann sich schon deshalb nicht unter das schützende Dach der Form retten, weil es selber die Form ist: Von ihr, nur von ihr bezieht es seine Existenzberechtigung.

Dennoch muß man Stefan George widersprechen, der einst geschrieben hat: »Den Wert der Dichtung entscheidet nicht der Sinn (sonst wäre sie etwa Weisheit, Gelahrtheit), sondern die Form.«[4] Man sollte sich, meine ich, hüten, das eine gegen das andere auszuspielen: Die in der Literatur immer leidige, wenn nicht fatale Trennung von Inhalt und Form ist in der Lyrik gegenstandslos. Denn die Form – das ist schon der Sinn des Gedichts. Damit hängt es wohl auch zusammen, daß unsere Welt, deren Darstellung den Romanciers und in noch höherem Maße den Dramatikern so große und häufig unüberwindbare Schwierigkeiten bereitet, sich der lyrischen Formulierung nicht entzieht: Wo die Dramatiker verstummen und die Romanciers ratlos scheinen, da ist es ihnen, den Lyrikern, gegeben, zu sagen, wie sie leiden, wie *wir* leiden.

Nun wirft man der Lyrik unserer Zeit gern vor, sie sei meist düster, pessimistisch oder gar nihilistisch. Aber Optimismus, Pessimismus, Nihilismus – das sind Kategorien, mit denen man

noch nie der Dichtung beikommen konnte. War Hölderlin ein
Pessimist? Waren Heine oder Brecht etwa Optimisten? War
Benn wirklich ein Nihilist? Es genügt solche Fragen zu stellen,
um bewußt zu machen, daß sie nicht angemessen, daß sie
lächerlich sind. Heute sind es gerade die düsteren Gedichte,
denen der überraschende Durchbruch glückt, die blitzartige
Erhellung gelingt. Oft ist es paradoxerweise die Finsternis, von
der das Licht ausgeht.

Aber worauf ist die Lyrik-Renaissance, die manche schon als
»Lyrik-Welle« abwerten möchten, denn zurückzuführen? Je
trostloser unsere Epoche, je düsterer unsere Zukunftsaussich-
ten, je wirrer und chaotischer die Welt, die uns umgibt, desto
größer unser Bedürfnis nach – ja wonach? Etwa nach Trost?
Vielleicht, doch wird uns ihn die Dichtung nicht liefern. Die
Bevölkerung mit Tranquilizern und Schmerzlinderungsmitteln
zu versorgen gehört zur Aufgabe nicht der Poesie, sondern der
Pharmazie.

Nein, trösten oder besänftigen kann uns die Lyrik nicht.
Aber sie kommt allein durch ihre Existenz unserem Abscheu
vor dem Chaotischen entgegen. Oder dürfen wir gar sagen,
unserem Bedürfnis nach Ordnung? Dies jedenfalls ist sicher:
Wer dichtet, der widersetzt sich der Willkür und dem Chaos.
Dichten heißt ordnen. In der achten der »Duineser Elegien«
lesen wir: »Wir ordnens. Es zerfällt. / Wir ordnens wieder und
zerfallen selbst.« Rilkes Worte gelten auch und vor allem für die
Lyriker.

Da Ordnung die Devise der Dichtung ist, sollte man sich
nicht wundern, daß diejenigen, denen wir die individuellsten,
die subjektivsten, ja die zartesten Gebilde der Literatur verdanken, sich nicht scheuen, die poetischen Hervorbringungen ihrer
Zeitgenossen und Kollegen öffentlich zu analysieren und zu
beurteilen. Anders als die Romanciers oder die Dramatiker sind
die Lyriker nahezu immer zugleich die Kritiker der Lyrik. Und
das hat mit ihrem ausgeprägten Formbewußtsein zu tun.

Dieses eminente Formbewußtsein unserer Poeten trägt auch

dazu bei, daß sich in den simplen Worten »Lyrik heute« mehr als ein Wunsch oder ein Bekenntnis verbirgt – nämlich ein fast schon trotziges Programm. Poesie ist immer auch Protest und Auflehnung. Wer dichtet, der rebelliert gegen die Vergänglichkeit. Selbst wenn sie den Untergang verkündet, wenn sie dem Tod huldigt, wenn sie den Zerfall besingt – dementiert die Dichtung, ob sie es will oder nicht, den Untergang, den Tod, den Zerfall. Lyrik ist Lebensbejahung. Daher die wachsende Rolle der Poesie in unseren Tagen: Ihr schwermütiger, von manchen noch nicht wahrgenommener oder mit dem obligaten Unbehagen registrierter Siegeszug hat hier seine tiefste Ursache. Es zeigt sich, daß die Antwort der Literatur, auf die wir inmitten der Bedrohung und Gefährdung warten, am ehesten ihre radikalste Gattung geben kann – eben die Lyrik.

Aber der Dichter, der seiner Zeit nachläuft, holt sie nie ein; vielmehr wird er von ihr überrannt. Der Dichter wiederum, der vor seiner Zeit die Augen verschließt, verfehlt seine Aufgabe. Die Erben Heyms und Trakls, Benns und Brechts lassen sich weder das eine noch das andere zuschulden kommen. Manch ein deutsches Gedicht dieser Jahre zielt nur auf geringfügige Details unserer Gegenwart ab und trifft sie doch mitten ins Herz. Und wenn sich heute bei sehr unterschiedlichen Lyrikern, ebenso jüngeren wie älteren, immer deutlicher die Hinwendung zur strengen Form bemerkbar macht – zu den klassischen Mustern der Poesie, zum Reim und zur Strophe, zu den Ordnungsprinzipien des Gedichts –, so ist dies nicht etwa als Flucht aus der Zeit zu verstehen, wohl aber als unmittelbare und auch selbstbewußte Reaktion auf die Verworrenheit der Epoche, auf ihr Grauen und ihren Schrecken.

Wie man es auch nimmt – die Poesie ist eine zwiespältige Sache. Platos Warnung hatte schon gute Gründe. Ja, diese älteste Gattung der Literatur ist die bedenklichste und gefährlichste – und zugleich die kühnste und radikalste, die empfindsamste. Allerdings wäre zu überlegen, ob denn das eine ohne das andere überhaupt möglich wäre. Heine fragt einmal, ob die

Poesie etwa eine Krankheit des Menschen sei, »wie die Perle eigentlich nur der Krankheitsstoff ist, woran das arme Austertier leidet«.[5] Wenn Heine recht hat, dann ist es jedenfalls der Menschheit seltsamste, vielleicht sogar schönste Krankheit. Und wohl nie waren wir der Schönheit mehr bedürftig als heute. Aber ist sie nur schön und nicht auch nützlich? O doch, oft ist die Poesie auch nützlich – nützlich weil schön.

(1980)

RICARDA HUCH,
DER WEISSE ELEFANT

»Ehret die Frauen! sie flechten und weben / Himmlische Rosen ins irdische Leben.« Jawohl, das stimmt, unser Schiller hatte schon recht: Die Frauen nähren »das ewige Feuer schöner Gefühle mit heiliger Hand«. Aber jene, die »der Liebe beglückkendes Band« flechten – was haben sie eigentlich zu unserer Literatur beigetragen?

Gewiß, Karoline und Bettina, Rahel und Dorothea, diese liebenden und leidenden, diese vieldiskutierenden und noch mehr korrespondierenden Frauen der Romantik dürfen wir nicht vergessen. Ihre Bücher und, vor allem, ihre Briefe möchten wir nicht missen. Indes: Würden wir uns noch an sie erinnern, wenn es nicht die bedeutenden Männer gegeben hätte, mit denen sie befreundet und bisweilen auch verheiratet waren?

Anders verhält es sich mit Annette von Droste-Hülshoff, der großen Ausnahme. Ein Zeichen wäre es nicht nur der Undankbarkeit, sondern geradezu der literarischen Ahnungslosigkeit, wollten wir die Genialität dieser stillen und schwermütigen, dieser düsteren und dämonischen, dieser wunderlichen und wunderbaren Frau verkennen. Doch auf dem Weg von der Droste über die Ebner-Eschenbach bis zu, sagen wir, Marie Luise Kaschnitz – wieviele nennenswerte deutsche Autorinnen gibt es da? Wenn zu ihrer Aufzählung die Finger *einer* Hand nicht reichen sollten, die beider genügen bestimmt.

Findet sich aber in dem Zeitabschnitt von der Droste bis heute eine starke unabhängige Dichterin, dann ist es eine, die zwar herrliches Verse geschrieben hat, die sich aber eher anstaunen als ganz ernst nehmen ließ. Ich meine die einzige Frau

in der »Menschheitsdämmerung«, der Anthologie der expres-
sionistischen Lyrik, die exaltierte und extravagante Else Lasker-
Schüler, die sich weigerte, die Welt zur Kenntnis zu nehmen
und stets in einem mehr oder weniger orientalischen Märchenreich lebte.

Was die Frauen in der Geschichte der deutschen Literatur
der letzten hundert Jahre ungeachtet aller offenkundigen Un-
terschiede doch miteinander verbindet, ist eben jenes Element,
das wir für typisch weiblich zu halten gewohnt sind. Sie sind
die Sachwalterinnen des Unbewußten und des Irrationalen, des
Seelischen und des Traumhaften, des Schwärmerischen und des
Märchenhaften. In ihren Werken dominieren die Empfindungen und Stimmungen in so hohem Maße, daß sie oft die
Gedanken verdrängen.

Nicht das Intellektuelle steht also im Vordergrund dieser
Bücher, sondern das Emotionale, das Gemüt. Und das Funda-
ment ist meist eine metaphysische Weltsicht: Von Agnes Mie-
gel, die Hitler huldigte, bis zu Nelly Sachs, die von Hitler
vertrieben wurde – es sind immer gläubige Schriftstellerinnen.
Sie glauben an Gott (wie Ina Seidel, die Protestantin, wie
Gertrud von Le Fort, die katholische Erzählerin) oder an die
Revolution (wie Anna Seghers, die Kommunistin).

Und wie Anna Seghers am liebsten einfache Leute zeigt, die
wenig denken und um so mehr fühlen und die, ohne viel zu
fragen, immer zu Opfern bereit sind, so erzählt die um ein
Vierteljahrhundert jüngere Ingeborg Bachmann, die lyrische
Sprecherin einer ganzen Generation, von Menschen, die an
backfischhafter Überspanntheit leiden, an Angstzuständen und
Ohnmachtsanfällen, die mit dem Kopf gegen Glastüren prallen
und den Boden unter ihren Füßen verlieren. So war sie selbst,
Ingeborg Bachmann: eine scheue und schüchterne Frau, die
verwirrt und hilfsbedürftig durchs Leben ging; ein unglücklich-
zartes Wesen, verloren im Alltag und, der Emanzipation zum
Trotz, stets Ausschau haltend nach männlichem Schutz. Oder
war es nur eine Rolle, in die sie sich hineingesteigert hatte?

Nichts liegt mir ferner, als das Talent einiger origineller deutscher Schriftstellerinnen zu unterschätzen – man könnte hier noch Annette Kolb, Elisabeth Langgässer und Marieluise Fleisser nennen –, aber ich frage mich, ob es mit einer gewissen Weltfremdheit zu tun hat und mit der nicht immer, doch häufig auffallenden Abneigung gegen das Intellektuelle, daß sich gerade in den deutschsprachigen Ländern der Einfluß der schreibenden Frauen eher in Grenzen hielt.

Nein, die Sache hat ältere und tiefere Gründe – so jedenfalls belehrt man uns seit einiger Zeit. Strenge und energische Vertreterinnen des weiblichen Geschlechts werden nicht müde, uns daran zu erinnern, daß die Frauen Opfer der Männergesellschaft seien: Seit Jahrhunderten von hartherzig-egoistischen Männern zu niederen Diensten gezwungen, konnten sie sich mit geistigen Dingen kaum befassen. Die Botschaft hör' ich wohl, allein – mich beunruhigt der Umstand, daß das Gras jenseits des Zauns grüner ist oder zumindest scheint.

Kannte das neunzehnte Jahrhundert auch nur eine einzige deutschsprachige Erzählerin, die man Jane Austen und George Eliot an die Seite stellen könnte? Hatten wir in der deutschen Literatur der ersten Hälfte unseres Jahrhunderts Schriftstellerinnen, die sich mit Katherine Mansfield oder gar mit Virginia Woolf vergleichen ließen? Gab es nach dem Zweiten Weltkrieg eine Frau, die eine ähnliche Rolle in unserem literarischen Leben gespielt hätte wie Simone de Beauvoir in Frankreich? Wie hoch ist in den Literaturen der kleinen skandinavischen Völker der Anteil der Frauen – von Selma Lagerlöf bis Tania Blixen –, wie selbstverständlich ihre Funktion seit mindestens hundert Jahren in der tschechischen Literatur oder in Polen, wo sie sich niemals als schwache und schutzbedürftige Wesen präsentierten, vielmehr überaus tüchtig waren und beherzt in der Öffentlichkeit auftraten. Es ist doch wohl kein Zufall, daß die einzige Frau, die als Politikerin und Publizistin Einfluß auf die Öffentlichkeit im spätwilhelminischen Deutschland ausüben konnte, eine polnische Jüdin war: Rosa Luxemburg.

Man sollte sich hüten, zur allgemeinen menschlichen oder weiblichen Misere zu stempeln, was natürlich nicht nur auf Deutschland zutrifft, was aber dennoch eine typisch deutsche Angelegenheit scheint. Dies jedenfalls meinte Thomas Mann, als er im Jahre 1924 eine Frau rühmte, die den gängigen deutschen Vorstellungen von einer Dichterin so gar nicht entsprach und es offenbar deshalb nicht leicht hatte: Ricarda Huch. Aus Anlaß ihres sechzigsten Geburtstags sagte er, daß sie hierzulande »zutraulicher verehrt werden würde, wenn sie dümmer wäre, wenn sie als reine Dichterin und Geschöpf des Unbewußten sich einfältig darstellte«. Thomas Mann feierte sie hingegen als eine »Herrscherin im Reich des Bewußten«, als eine große Intellektuelle.[1]

Eine Intellektuelle? Eine geistreiche und vielseitig gebildete Frau? Dann wohl, reden wir offen, auch etwas blaustrümpfig. So mochte sich mancher die Autorin umfangreicher und gelehrter Bücher denken. Doch nichts falscher als dies. In ihrem Roman »Michael Unger«, 1903 erschienen, gibt es einen leitmotivisch wiederkehrenden Ausruf: »O Leben, o Schönheit!« Der Held des Buches träumt vom Abenteuer eines freien und erfüllten Daseins, entschieden kehrt er seiner Heimat den Rükken und geht in die Schweiz. »Michael Unger«, dieser Roman voll Glückssehnsucht und Schönheitsrausch, voll Lebensenthusiasmus und auch Existenzangst, erzählt in der Geschichte des jungen norddeutschen Patriziersohnes zugleich die Geschichte der jungen Ricarda Huch.

Sie konnte es in ihrer Geburtsstadt Braunschweig nicht aushalten, auch sie hatte vom Vaterland genug, sie mußte weg. Warum? »Im damaligen Deutschland« – erinnert sich Ricarda Huch – »konnte man nur entweder Beifall klatschen zu dem, was die jeweiligen Regierungen anordneten, oder schweigend und verärgert, von allen verketzert, beiseitestehen.«[2] Also eine politische Emigrantin, die gegen die Verhältnisse im Kaiserreich rebellierte? Ganz gewiß, doch ist dies nur die Hälfte der Wahrheit. Die andere ist von persönlicher, intimer Art. In ihrem Buch über die Romantik sagt Ricarda Huch der Karoline Schlegel eine Schwäche nach, die »ihr eigenstes Wesen ausmachte und zugleich ihre Stärke war, daß sie nämlich ohne Liebe nicht sein konnte«[3]. So war auch sie, Ricarda Huch: ohne Liebe konnte sie nicht existieren.

Sie ist noch ein halbwüchsiges Mädchen, da verliebt sie sich in ihren erheblich älteren Vetter, den Juristen Richard Huch. Sie ist kaum neunzehn Jahre alt, da weiß sie schon, daß sie mit diesem und keinem anderen Mann zusammenleben will. Richard jedoch ist längst verheiratet und seine Frau ist Ricardas ältere Schwester Lilly. Er will sich von ihr scheiden lassen, aber er zögert, er kann sich nicht entschließen, er versucht es doch, er schafft es nicht, er verspricht es wieder...

Kurz, Ricardas Traum geht nicht in Erfüllung: Nach drei qualvollen Jahren – aber vielleicht waren es auch glückliche Jahre – muß sie sich von dem Vetter, der zugleich ihr Schwager ist, trennen, endgültig, so will es scheinen. Näheres hierüber findet sich in ihrem ersten Roman, den »Erinnerungen von Ludolf Ursleu«. Einige Jahre vor dem großen Buch des Lübekker Kaufmannssohns erzählt auch sie, die Braunschweiger Kaufmannstochter, vom »Verfall einer Familie«. Im Mittelpunkt: die elementare Leidenschaft einer jungen Frau zu ihrem verheirateten Vetter.

So verließ Ricarda Huch Braunschweig und Deutschland und suchte, wie manch eine Intellektuelle, deren Liebe gescheitert war, Trost bei der Wissenschaft, bei der Literatur. Sie ging dorthin, wo es nicht mehr ungewöhnlich war, daß eine Frau studierte – nach Zürich, wo übrigens wenig später eine andere eintraf, die es auch nicht zu Hause aushalten konnte, eine, der die Flucht aus Warschau gelungen war und die nun in der Schweiz Nationalökonomie studieren wollte: Rosa Luxemburg. Aber anders als Rosa Luxemburg hatte Ricarda Huch damals – wie sie selber sagte – noch »keine festen Überzeugungen, keine Grundsätze«. Was sich da bei ihr als Weltanschauung bemerkbar machte, das war nur, meinte sie, »eine Richtung auf das Leben, ich könnte auch sagen auf das Schöne, das Große...«[4] Richtung auf das Leben – das bedeutete zunächst die konsequente Ablehnung jeglicher Versponnenheit und Innerlichkeit. Im Unterschied zu den nicht zahlreichen schreibenden Frauen ihrer Generation wollte sie von femininer Weltfremdheit nichts wissen, dem Exaltierten mißtraute sie allemal.

Von allen Romantikern liebt sie am meisten Novalis, weil er nicht zu jenen gehörte, »die die Augen an den Sternen hängend mit den Füßen durch den Sumpf waten«. Seine Philosophie sei wie seine Poesie: »erlernt im Leben und darin angewandt«[5]. Sie bewundert den zarten Dichter, der sich, das imponiert ihr, der praktischen Laufbahn eines Bergbaubeamten gewidmet hatte. Auch sie, die vom Schönen und Großen träumt, sehnt sich nach dem Praktischen. Nachdem sie das Studium beendet hat, arbeitet sie in Zürich als Bibliothekarin, dann als Lehrerin – und gibt nach einigen Jahren diese Tätigkeit doch auf: »Ich wollte vor allen Dingen leben und erleben, und darin schien mich die Schule zu hemmen. Es war mir zumute, als sei ich in eine Meeresstille geraten. Da war nichts mehr zu begehren, zu erkämpfen, zu wagen...«[6]

Sie verläßt Zürich, sie siedelt nach Bremen über – und Bremen liegt nicht gar so weit von Braunschweig, wo Richard wohnt, der Vetter und Schwager. Die beiden treffen sich wieder, wieder werden Ehepläne geschmiedet, ja sie erwägen sogar eine gemeinsame Auswanderung nach Amerika. Und wieder wird nichts daraus. Ricarda scheint verzweifelt. Es ist eine alte Geschichte, doch bleibt sie immer neu, und wem sie just passieret, dem bricht das Herz entzwei – oder er tröstet sich mit einem anderen Partner. In Wien lernt Ricarda Huch einen italienischen Arzt, Ermanno Ceconi, kennen – und schnell wird geheiratet. Sie hat ihn oft geschildert und ihn gewiß auf ihre Art geliebt, er war, man glaubt es ihr, ein origineller und wahrhaft liebenswürdiger Mensch, aber es entsteht doch der Eindruck, daß sich hier ein Klärchen, dem der Egmont versagt blieb, mit einem Brackenburg abgefunden hat.

Indes: Sich abfinden ist Ricarda Huchs Sache nicht. Nach wenigen Jahren trennt sie sich von Ceconi, und gleichzeitig läßt sich der Vetter und Schwager Richard Huch endlich scheiden, er ist frei, nichts steht mehr dem Glück der beiden im Wege, Ricarda Huch kann den Mann heiraten, den sie seit fast einem Vierteljahrhundert liebt und den sie in vielen Gedichten – meist eher schwachen – immer wieder besungen hat. So hat sie 1907 (sie ist mittlerweile 43 Jahre alt) erreicht, wovon sie träumte, es ist der Tag ihres höchsten Glücks, ihres größten Triumphs.

Aber, ach, wir wissen es: Nichts ist riskanter, als die Erfüllung eines langjährigen Traums zu erleben. Kaum war die Ehe geschlossen, da häuften sich Schwierigkeiten, über die sich die Biographen Ricarda Huchs in dunklen Andeutungen ergehen. Sie selber hingegen sagte unmißverständlich, was geschehen war: Nichts Originelles. Es war nur eine Geigerin aufgetaucht, hübsch und jung. Ricarda und Richard Huch mußten bald wieder auseinandergehen. Nicht ihn habe sie geliebt, erklärte Richard Huch, sondern ein »Phantasiegebilde«.

In ihrem Porträt der Karoline Schlegel heißt es: »Man darf sich nun aber nicht vorstellen, sie hätte jemals über einen geliebten Mann wirklich sich und die ganze Welt vergessen... Ihr aufmerksamer Geist blieb ihrer blinden, elementaren Leidenschaft ebenbürtig. Nie verlor sie die denkende Teilnahme an den Menschen und ihrem Tun.«[7] Damit hatte Ricarda Huch zugleich die vielleicht wichtigste Eigentümlichkeit ihrer eigenen Person und damit auch ihres Werks angedeutet.

Niemals vernachlässigt sie die Darstellung der Gefühle und Leidenschaften, niemals unterschätzt sie die Rolle des Triebhaften, des Unbewußten und Instinktiven. Wollten wir aber sagen, dies alles werde in ihrer Prosa einer ständigen intellektuellen Kontrolle unterworfen, wollten wir behaupten, dem Reichtum ihrer Empfindungen sei die Klarheit ihres Geists stets gewachsen, so wäre dies nicht falsch, doch könnte man glauben, es gäbe bei Ricarda Huch gleichsam zwei verschiedene Elemente, die sich ergänzen, die sich gegenseitig prüfen und beaufsichtigen. Das eben trifft nicht zu. Intuition und Reflexion bilden bei ihr eine vollkommen natürliche, eine unzertrennliche Einheit. Daher ist es auch so schwer, ja oft unmöglich zu entscheiden, welcher Gattung gerade ihre besten Bücher angehören. Wer hat sie geschrieben – eine Dichterin oder eine Wissenschaftlerin, eine phantasievolle Erzählerin oder eine exakte Chronistin?

Ricarda Huch ist stets beides zugleich und auf einmal. Ihre Essays sind auch Geschichten und ihre Geschichtswerke auch Epen. Ihr Buch über die Romantik, um die Jahrhundertwende in zwei Bänden publiziert, macht dies auf beispielhafte Weise deutlich: Es ist ein fundamentales kulturgeschichtliches Dokument und ein literarisches Kunstwerk von großer Schönheit. Georg Lukács hatte keineswegs übertrieben, als er feststellte, daß Ricarda Huchs Buch den wichtigsten Anstoß zur Wiedergeburt der Romantik gegeben habe.[8] Wie war das möglich geworden? Wie konnte es einer noch jungen Frau, die in Zürich als Hauptfach nicht etwa Germanistik studiert und die über ein historisches Thema promoviert hatte, gelingen, ein derartiges bahnbrechendes Werk zu schreiben?

Die zünftige Germanistik hatte die Romantik auf sträfliche Weise verkannt und vernachlässigt: In der zweiten Hälfte des neunzehnten Jahrhunderts war sie fast schon in Vergessenheit geraten. Aber Ricarda Huch kümmerte sich nicht um die Regeln und Konventionen der Germanisten, sie ignorierte ihre Anschauungen und Prinzipien. Trotzig verfolgte sie ihren eigenen Weg: Sie griff auf die Schriften der Romantiker zurück, auf ihre vielen Briefe und auf andere, reichlich vorhandene Zeugnisse der Epoche, die oft gänzlich unbekannt geblieben waren.

Weit über Literatur und Kunst, über alles Ästhetische hinausgehend, war Ricarda Huch kühn genug, in ihre Darstellung jene wissenschaftlichen Disziplinen einzubeziehen, die mit dem Geist der Romantik zusammenhingen – von der Psychologie über die Volkskunde und die Symbolforschung bis hin zur Germanistik. Sie porträtierte nicht nur die Dichter der Epoche und ihre Frauen und Freundinnen, sondern auch die Mediziner und Naturforscher, die Theologen, die Gelehrten und die Politiker jener Jahre.

Über sie alle schrieb Ricarda Huch verständnisvoll, doch niemals andächtig. Sie wußte sehr wohl, was manche unserer Germanisten noch heute nicht zu wissen scheinen – daß nämlich Literaturbetrachtung unter keinen Umständen auf Kritik und Wertung verzichten kann. Sie zögerte nicht, auch die dunklen und dubiosen Seiten der Romantiker, auch ihre Schwächen und Makel in aller Deutlichkeit zu zeigen.

So zeugt dieses wahrhaft enzyklopädische und anmutige, ja unterhaltsame Buch von einer Tugend, die im geistigen Leben Deutschlands nicht häufig anzutreffen ist. Ich meine die Unabhängigkeit Ricarda Huchs. Ihr Werk ist enorm: Die zwischen 1966 und 1974 erschienene Ausgabe umfaßt in elf Bänden nicht weniger als 12 000 eng bedruckte Seiten. Bei solchen Dimensionen sind erhebliche Qualitätsschwankungen unvermeidbar. Doch auch noch ihre weniger bedeutenden Bücher und jene, die offenbar pure Brotarbeit waren, liefern Beweise ihrer Souveränität und eben ihrer imponierenden Unabhängigkeit.

»Ich war« – bekannte sie einmal – »ein geborener Protestant, mit einer Vorliebe für Revolution und Rebellion . . .«[9] Es sind die Volksführer und Freiheitskämpfer, die Anarchisten, Revolutionäre und Rebellen, mit denen sie sich immer wieder beschäftigte: Ihre Liebe galt den (in des Wortes weitester Bedeutung) Protestanten – von Luther und Tilman Riemenschneider bis zu dem von ihr bewunderten Freiherrn von Stein. Sie schrieb über Garibaldi, über Bakunin und Lassalle und veröffentlichte gegen Ende der Weimarer Republik ein erstaunliches Buch über die Revolution von 1848. Unverkennbar ist in allen ihren Arbeiten, was sie in hochherzigen Worten der großen Droste bescheinigt hat: die »Lust am Trotz und Stolz, der dem Schicksal den Handschuh hinwirft, am Zweifel, der an glühenden Pforten rüttelt, am Verneinen, am Sprung über die Schranken«.[10] Wie in ihrem gewaltigen Buch über den Dreißigjährigen

Krieg, einer poetischen Chronik und einem historischen Epos
in einem, nimmt Ricarda Huch stets Partei für die Benachteilig-
ten, für die Erniedrigten und Beleidigten, für die Besiegten.

Man hat sie als konservativ bezeichnet. Wenn das zutrifft,
dann war sie freilich konservativ und radikal zugleich. Man hat
sie als Neuromantikerin abstempeln wollen. Aber kein Vertreter der Neuromantik hatte soviel Sinn für die Realität der
Gegenwart wie diese Frau. Denn ihre Lust am Widerstand
wurde relativiert durch ihr betont bürgerliches Bewußtsein, ihr
ausgeprägtes Pflichtgefühl. Sie rühmte E. T. A. Hoffmann, weil
sein Instinkt ihn immer wieder zur Wirklichkeit geführt habe
und zum Alltagsleben: Diesem Interesse für das »Naheliegen-
gende, Gegenwärtige, Wirkliche« sei es zu verdanken, daß
Hoffmanns Werke nicht wie die der anderen Romantiker »an
der Unermeßlichkeit des Planes zerrinnen«.[11]

Mit aller Entschiedenheit distanziert sich Ricarda Huch vom
»einseitigen Ästhetizismus« in der Literatur ihrer Zeit. Sie
meint damit Stefan George und seine Anhänger: »Mir widerstand die Geheimnistuerei des Kreises, die Absonderung von
der Menge durch ein feierliches, weihevolles Verhalten ... Es
mißfiel mir sehr, daß George sich auf geschmacklose Art wie
ein Hohepriester oder Halbgott huldigen ließ.«[12] Gegen
George spielt sie Gottfried Keller aus, der sich als Staats- und
Stadtbürger bewährt habe und der »kein außerhalb stehender
Priester oder Götze sein wollte, sondern sich Mensch wie die
andern fühlte, nur reicher und stärker an Trieb und Bewußtsein
und darum der Gesellschaft mehr als andere verpflichtet«.
Keller habe nicht zu jenen Künstlern gehört, »die sich vom
öffentlichen Leben in einen Schlupfwinkel zurückziehen«.[13]

Ricarda Huch lebte nie in einer Traumwelt oder einem
Märchenreich, für sie kam ein elfenbeinerner Turm als Aufent-
haltsort nicht in Betracht, die mannigfaltigen Schlupfwinkel
übten auf sie keine Anziehungskraft aus. Im Jahre 1926 in die
neugegründete Sektion für Dichtkunst der Preußischen Akademie der Künste gewählt, nahm sie diese Wahl an und wirkte in

den nächsten Jahren aktiv mit. Als im Frühjahr 1933 die Juden
aus dieser Sektion für Dichtkunst entfernt wurden – es waren
darunter Alfred Döblin, Franz Werfel und Jakob Wassermann
–, als andere Schriftsteller wie Thomas und Heinrich Mann aus
politischen Gründen unwillkommen waren, da hoffte man, sich
weiterhin mit dem Namen Ricarda Huch schmücken zu können.

Es sei undenkbar – schrieb ihr der Präsident der Akademie,
der Komponist Max von Schillings, – daß sie ausscheiden wolle.
Dies sei allen klar, die »Ihre deutsche Gesinnung und nationale
Einstellung aus Ihrer von uns verehrten Persönlichkeit und aus
Ihrem künstlerischen Schaffen« kennen.[14] Offensichtlich
kannte Schillings ihre Bücher nicht. Damals, als andere Mitglie-
der der Akademie es vorzogen, sich diplomatisch zu verhalten,
und die Folgen eines eventuellen Austritts aus der Akademie
sorgfältig bedachten, entschloß sich Ricarda Huch zur unmißverständlichen Reaktion. Am 9. April 1933 schrieb sie an Max
von Schillings: »Daß ein Deutscher deutsch empfindet, möchte
ich fast für selbstverständlich halten; aber was deutsch ist, und
wie Deutschtum sich betätigen soll, darüber gibt es verschiedene Meinungen. Was die jetzige Regierung als nationale Gesinnung vorschreibt, ist nicht mein Deutschtum. Die Zentrali-
sierung, den Zwang, die brutalen Methoden, die Diffamierung
Andersdenkender, das prahlerische Selbstlob halte ich für un-
deutsch und unheilvoll.« Der letzte Satz ihres Briefes lautet:
»Hiermit erkläre ich meinen Austritt aus der Akademie.«[15]
Ende 1934 erschien ein neues Buch von Ricarda Huch – der
erste Band ihrer »Deutschen Geschichte«, gewidmet dem Rö-
mischen Reich Deutscher Nation. In zwei Kapiteln beschäftigt
sie sich mit der Situation der Juden im Mittelalter – und beide
sind nicht etwa in dem voluminösen Band versteckt, sondern
im Inhaltsverzeichnis mit klaren Titeln kenntlich gemacht. Das
eine Kapitel beginnt mit der Feststellung, es sei »kein Blatt in
der Geschichte der Menschheit so tragisch und geheimnisvoll
wie die Geschichte der Juden«.[16] Mit auffallender Ausführlich-

keit referiert Ricarda Huch hier vor allem jene Anordnungen
und Sendschreiben, jene Maßnahmen der Päpste und Kaiser,
der Fürsten, Bischöfe und Stadträte, die die Juden gegen unge-
rechte Behandlung in Schutz nahmen. Im anderen Kapitel wird
das Thema »Die Juden und der Wucher« abgehandelt. Ricarda
Huch weist nach, daß das Alte Testament den Juden den
Wucher untersagt, daß sie zum Wucher von den Christen
gezwungen wurden und daß ihnen oft keine andere Betätigung
übrig blieb, weil sie weder Land und Boden besitzen noch ein
Handwerk ausüben durften. Vergeblich wird man in diesem
historischen Werk, das, ich wiederhole, Ende 1934 in Berlin
veröffentlicht wurde, auch nur die geringsten Zugeständnisse
an den sogenannten Zeitgeist suchen. Charakteristisch ist vielmehr folgender Satz: »Die Judenverfolgungen des 14. Jahrhundert wühlten auf, was an bestialischen Trieben in den Untiefen
des deutschen Volkes sich verbarg, und offenbarten den Heroismus, dessen die Juden fähig waren.«[17]

Die amtliche Reaktion auf Ricarda Huchs »Deutsche Ge-
schichte« ließ nicht lange auf sich warten. 1935 brachten die
»Nationalsozialistischen Monatshefte« eine Rezension, betitelt
»Ein berühmter Name und ein unrühmliches Werk«. Gegen
dieses Buch müsse sich – lesen wir hier – »jeder freiheit- und
ehrliebende Deutsche mit leidenschaftlicher Empörung zur
Wehr setzen«. Aufschlußreich seien die Kapitel über die Juden:
»Wahrlich, das ›auserwählte Volk‹ kann sich keinen beredteren
Anwalt wünschen, als diese Frau es ist. Alle ihre große Kunst
bietet sie auf, um die Vorzüge und edlen Eigenschaften der
Kinder Israels zu schildern: ihre ›schöne Begabung für die
Heilkunst‹, ihren ›Scharfblick‹, ihre ›Einfühlungsgabe‹ . . .« In
der Zusammenfassung erklärt der Rezensent der »Nationalsozialistischen Monatshefte«: »Wir sehen in diesem Buch eine
Beleidigung des deutschen Ehrgefühls. Wir sehen darin den
deutschen Gedanken mit Füßen getreten . . . Wir zweifeln nicht
daran, daß die Huch für dieses Werk *ultra montes* höchstes Lob
ernten wird. Mag sie dann auch getrost ganz jenseits der Berge

bleiben und dort die. Blüten ihres Geistes verstreuen. Im
Deutschland Adolf Hiltlers ist für Magierinnen dieser Art heute
kein Platz mehr.«[18]

Noch konnte im Jahre 1937 der zweite Band der »Deutschen
Geschichte« in Berlin publiziert werden. Die Veröffentlichung
des 1937 fertiggestellten dritten Bandes war nicht mehr möglich. Ihr nächstes Buch, ein kleiner Band mit Jugenderinnerun-
gen, erschien 1938 – aber nicht in Deutschland, sondern *ultra
montes,* in der Schweiz. Zugleich wurde gegen Ricarda Huch
ein polizeiliches Ermittlungsverfahren »wegen Vergehens gegen
das Heimtückegesetz« eingeleitet, doch nach einigen Verhören
wieder eingestellt. Hatte ihr Ruhm die Ankläger zurückschrek-
ken lassen? Oder nahm man Rücksicht auf ihr Alter? Immerhin
war sie längst über siebzig Jahre alt.

Aber Ricarda Huch hat sich nie zur Ruhe gesetzt, nie hat sie
aufgehört zu schreiben. In ihren nach 1945 entstandenen Arbeiten gibt es keine Spur von Selbstgerechtigkeit oder gar Selbst-
mitleid. In einem Aufsatz aus Anlaß des Neujahrstages 1946
sagte sie knapp: »Betrachten wir uns nicht als Opfer, sondern
als solche, die mit der Hölle im Bunde waren.«[19]

Als sich im Oktober 1947 die deutschen Schriftsteller aus
Ost und West zum ersten Mal nach dem Zusammenbruch des
»Dritten Reichs« zu einem gemeinsamen Kongreß zusammen-
fanden – es war zugleich der vorerst letzte Kongreß dieser Art
–, wurde Ricarda Huch zur Ehrenpräsidentin gewählt. Als sie
ans Rednerpult trat, erhoben sich die Versammelten von ihren
Plätzen. »Ich hatte das Gefühl« – berichtete sie in einem Brief –,
»daß der weiße Elephant nicht nur angestarrt, sondern auch
geliebt wurde«.[20] Sie starb wenige Wochen später, während der
Arbeit an einem Buch, in dem sie jene Deutschen porträtierte,
die gegen die nationalsozialistische Herrschaft gekämpft hatten.

Wenn Ricarda Huch, die Thomas Mann einst die erste Frau
Deutschlands nannte, heute nicht nur berühmt, sondern auch,
obwohl alle ihre Bücher zugänglich sind, fast vergessen ist, so
zeugt dies vom gebrochenen Verhältnis der Deutschen zur

besten deutschen Literatur, zur besten deutschen Tradition.
Aber wozu brauchen wir eigentlich die Tradition? Diese Frage
hat Ricarda Huch einmal beantwortet: »Tradition ist die gesiebte Vernunft des ganzen Volkes ... deshalb kann man sich
für sie begeistern ... Begeisterung aber ist eine Kraft, die Berge
versetzt.«[21]   (1981)

HERMANN KESTEN,
DER LITERAT

Er begann in den letzten Jahren der Weimarer Republik mit provozierenden zeitkritischen Romanen: »Josef sucht die Freiheit« (1927), »Ein ausschweifender Mensch« (1929) und »Glückliche Menschen« (1931). Und sofort wurde er von den größten Schriftstellern der Epoche enthusiastisch begrüßt: Man erkannte in ihm den Repräsentanten der neuen Generation und der »Neuen Sachlichkeit«. Er schrieb kesse satirische Erzählungen, die heute zu Unrecht vergessen sind, witzige literarhistorische Essays, die von seiner enormen Belesenheit zeugen, und passionierte Kritiken, die vor allem Dokumente der Kollegialität sind. Und in seinen siebziger Jahre dachte er nicht daran, sich etwa zur Ruhe zu setzen, und verblüffte uns mit seinem ersten Gedichtband: »Ich bin der ich bin« (1974).

Ein Romancier ist er also und ein Erzähler, ein Essayist und ein Kritiker, und schließlich auch noch ein Lyriker. Aber knapper und treffender wäre wohl eine andere Bezeichnung: Hermann Kesten, der heute achtzig Jahre alt wird, ist ein typischer Literat, einer nämlich, der nicht nur Literatur produziert und über sie schreibt, sondern der darüber hinaus in und mit ihr lebt. Die Literatur ist sein Element, von Anfang an war er verliebt in die ganze Zunft. Zugegeben, er ging ihr bisweilen auf die Nerven, doch diente er ihr stets – nervös und geduldig zugleich, unbestechlich und leidenschaftlich.

Er wurde im ersten Monat unseres Jahrhunderts in Nürnberg geboren, er studierte (natürlich Germanistik) im benachbarten Erlangen und in Frankfurt und ging gleich nach Berlin: Ab 1927 war er der literarische Leiter des Gustav Kiepenheuer

Verlags. Unter Kestens Ägide erschienen dort die schönsten
Romane seines Freundes Joseph Roth (»Hiob« und »Radetzky-
marsch«), die herrlichsten nachgelassenen Erzählungen Kafkas
(»Beim Bau der chinesischen Mauer«), das erste Buch der Anna
Seghers (»Aufstand der Fischer von Santa Barbara«), die »Versuche« Brechts, Essays von Benn und Heinrich Mann. Und das
alles innerhalb von wenigen Jahren.

Im Frühling 1933 floh Kesten nach Paris. Er war wieder eine
zentrale Figur des literarischen Lebens, zumal als Lektor des
hervorragenden Exilverlags Allert de Lange in Amsterdam.
1940 gelang es ihm, noch rechtzeitig Frankreich zu verlassen
und nach New York zu kommen. Dort hat er sich unermüdlich
an Hilfsaktionen für emigrierte deutsche Schriftsteller beteiligt:
Viele verdanken ihm viel, manche ihr Leben. Und nach dem
Krieg? »Kann uns zum Vaterland die Fremde werden?« – läßt
Goethe eine Vertriebene fragen. Es ist ein rhetorische Frage,
der die nüchterne Feststellung folgt: »Und dir ist fremd das
Vaterland geworden.« Nein, Kesten kehrte nicht nach Deutschland zurück, er blieb in New York und lebte dann einige Zeit in
Rom. Er wohnte meist in Hotels, er war immer wieder auf
Reisen, er besuchte häufig die Bundesrepublik – ein gern gese-
hener, weil immer anregender, nie langweiliger Gast.

Ein Heimatloser also? Dies wäre nur bedingt richtig. Denn
Kesten, der Sohn ostjüdischer Einwanderer (sein Vater war ein
Nürnberger »Viehjude«), hat in seiner Jugend schon eine Heimat gefunden, die er nie zu verlassen brauchte, der er immer
treu blieb. Das deutsche *Wort* bezeichnete der Student Heinrich
Heine als »unser heiligstes Gut«, denn es sei »ein Vaterland
selbst demjenigen, dem Torheit und Arglist ein Vaterland ver-
weigern«. Die deutsche Literatur wurde Kestens »portatives
Vaterland«.[1] Von New York oder Rom aus rief er nach Deutschland: belehrend und warnend, schimpfend und scherzend. Er
schrieb über die Zensur und die Tyrannei, die Vernunft und
die Freiheit, über die Zehn Gebote und die Todesstrafe, über
Nazis und Juden, über die Literatur und die Literaten.

Die Titel der Bücher, in denen er seine Aufsätze, seine
Porträts und Pamphlete gesammelt hat, lassen Kestens Welt
erkennen: »Der Geist der Unruhe« (1959), »Dichter im Café«
(1959), »Meine Freunde, die Poeten« (1953), »Lauter Literaten«
(1963). In allen diesen Arbeiten begegnet man einem agilen
Aufklärer und spöttischen Sittlichkeitsapostel, einem schnod-
drigen Prediger und eifernden Enzyklopädisten, einem smarten
Weltverbesserer und aggressiven Liberalen. Kesten ist ein lusti-
ger Schreiber, der es sehr ernst meint, ein heilsamer Provoka-
teur vor dem Herrn. Für ihn – gibt er freimütig zu – »sieht die
ganze Welt zuletzt wie ein literarisches Kaffeehaus im größten
Format aus«.[2] Mit diesem Bekenntnis deutet er beides zugleich
an – den Charme seiner Essayistik und die Grenzen seines
Blickfelds. Kesten ist ein rührender Schwärmer, ein bewun-
dernswerter Liebhaber der Literatur, des Geistes.

Die kühle Analyse war seine Sache nie. Vielmehr gehört er
zu den lyrisch-emotionalen Essayisten, am besten kommt er in
der Apologie zum Zuge und im Pamphlet. Die diskrete Be-
leuchtung kennt er nicht, er taucht stets alles in überhelles
Scheinwerferlicht, er vereinfacht, um zu klären. Seine Methode
besteht vor allem in der überraschenden Aneinanderreihung
von Namen und Fakten. Diese Aufzählungen ergeben mitunter
betörende Kaleidoskope. Daß hier und da Behauptungen die
Beweise ersetzen müssen und statt der Argumente Bonmots
geboten werden, läßt sich schwer übersehen und meist leicht
verzeihen. Ludwig Marcuse meinte, Kesten sei »eher ein Gaukler als ein Gelehrter«.[3] Er ist beides zugleich und in einem.

Von allen seinen Büchern liebe ich am meisten den Band
»Meine Freunde, die Poeten«. Er porträtiert sie liebevoll und
geistreich, bisweilen ungerecht und immer amüsant. Von den
großen Meistern vergangener Jahrhunderte spricht er, als wären
sie seine nächsten Freunde gewesen, als hätte er mit ihnen
unlängst gestritten und gestern friedlich gefrühstückt, über
manche Schriftsteller unserer Zeit schreibt er, als wären sie
unsterbliche Meister: Den Toten klopft er auf die Schulter, den

Lebenden errichtet er Denkmäler. Das Buch »Meine Freunde, die Poeten« ist eine Fundgrube, um die sich die deutschen Literarhistoriker bisher viel zuwenig gekümmert haben. Und daß Kesten ein halbes Dutzend ausgezeichneter Anthologien gemacht und sich auf rührende und höchst nützliche Weise um die Werke vieler seiner Zeitgenossen bemüht hat (von Joseph Roth bis René Schickele) – das versteht sich in diesem Fall fast von selbst.

Hat Deutschland die außerordentlichen Verdienste dieses sprudelnden Talents anerkannt? Ja, aber Kesten mußte lange warten. Erst 1974 erhielt er den ihm längst gebührenden Georg-Büchner-Preis, dem andere Ehrungen folgten. Von 1972 bis 1976 bekleidete er ein Amt, für das er wie geschaffen war: Als wendiger und würdiger, heiterer und hurtiger Präsident des PEN-Zentrums der Bundesrepublik hat er viel Gutes getan.

Ist jemand in Bonn auf den Gedanken gekommen, Kesten zu bitten, er möge sich doch wieder in Deutschland niederlassen, hat man ihm ein Haus angeboten? Nein. Aber München hat es getan. Kesten schwankte und lehnte schließlich dankend ab. Geschlagen und gesegnet mit der Unruhe und der Vitalität, der Verletzbarkeit und der Sensibilität der Juden, wollte Kesten bleiben, was er seit bald einem halben Jahrhundert ist: ein Emigrant, der sich aus der Literatur eine Heimat gemacht hat. Und als die Stadt München Kesten aus Anlaß seines achtzigsten Geburtstags ein festliches Bankett vorschlug, da winkte er lächelnd ab und zog sich rasch nach New York zurück, in ein kleines, einsames Hotel. Er möchte nicht gefeiert werden. Dies müssen wir respektieren. Aber lassen Sie sich, Hermann Kesten, am heutigen Tag umarmen – über den Atlantik hinweg, der uns trennt und doch nicht trennen kann.

(1980)

MARIE LUISE KASCHNITZ,
DIE MEISTERIN DES BEREDTEN SCHWEIGENS

»Das gedruckte Gedicht, die gedruckte Geschichte sind Frei-
wild, sie gehören mir nicht mehr, und jeder kann sie sich
auslegen, wie er will.«[1] Marie Luise Kaschnitz war es, die mit
diesen Worten an eine uralte und daher vielleicht banal klin-
gende Wahrheit erinnerte, an eine Erfahrung, die keinem
Schriftsteller erspart bleibt und die kein Kritiker vergessen darf:
Der literarische, der künstlerische Text läßt sich auf sehr unterschiedliche, mitunter sogar auf gegensätzliche Weise verstehen
und deuten. Und es sind die schlechtesten Dichtungen nicht,
die – wie die Dramen Shakespeares, die Verse Hölderlins oder
die Gleichnisse Franz Kafkas – ebenso viele Interpretationen
wie Leser finden können.

Aber gibt es denn keine poetischen Arbeiten, die ganz und
gar eindeutig wären? Solche gibt es auch, nur fragt es sich, ob
deren Lektüre überhaupt lohnt. Damit hat wiederum ein anderer Umstand zu tun: Wir kennen zwar nachweisbar falsche
Auslegungen, indes keine – sofern der Kunstcharakter des zur
Debatte stehenden literarischen Produkts unzweifelhaft ist –,
die den Anspruch erheben dürften, die einzig richtigen zu sein.
Dies gilt für die Selbstinterpretationen der Dichter erst recht.
Zwar wissen die Autoren besser als alle anderen, was sie gewollt
und angestrebt haben. Doch gerade dieses Wissen beeinträchtigt ihre Fähigkeit, das zu erkennen, was sie tatsächlich geschaffen haben. Mit anderen Worten: Das Bewußtsein ihrer Absich-
ten und Ziele trübt ihren Blick für die Ergebnisse. Die Pflicht,
das neue literarische Kunstwerk zu vermitteln, fällt somit vor
allem dem Kritiker zu. Vermitteln – das ist zunächst einmal

verdeutlichen, kritisieren – das heißt immer auch reduzieren und vereinfachen.

Der Kritiker versucht, das Irrationale ins Rationale zu übersetzen. Das hat beides zugleich und auf einmal zur Folge: einen beachtlichen Gewinn und einen keineswegs geringen Verlust. Denn ob er es will oder nicht – ihm bleibt, zumal er nur einen begrenzten Raum zur Verfügung hat, nichts anderes übrig: Er muß das, was der Künstler geleistet hat, vergröbern und oft genug auch verflachen. Alle Vokabeln und Formeln, die das lebendige Kunstwerk begreiflich und erfaßbar machen sollen, können diesem, wie sorgfältig sie auch ausgewählt sind, nie ganz gerecht werden. Mehr noch: Die Kritik, die reduziert und vereinfacht, um zu erklären und einzuordnen, kann bisweilen der Versuchung nicht widerstehen, die Gegenstände ihrer Betrachtung auch noch abzustempeln und zu etikettieren. Damit aber trägt sie zu irreführenden und ärgerlichen Klischeevorstellungen des Publikums bei. So geschah es mit Marie Luise Kaschnitz.

Im Mittelpunkt unserer literarischen Öffentlichkeit stand sie wohl nie. Dennoch wurde ihr, zumindest seit der Verleihung des Georg Büchner-Preises im Jahre 1955, viel Aufmerksamkeit zuteil, ihre Geburtstage, der sechzigste und der siebzigste, boten Gelegenheit zu zahlreichen Artikeln, ihre Bücher hat man stets und in der Regel ausführlich besprochen. Aber kritische Analysen enthielten diese Rezensionen nur selten. Meist waren es respektvolle, wenn nicht enthusiastische Würdigungen. Über Marie Luise Kaschnitz äußerte man sich auffallend höflich, an Ehrerbietung mangelte es nicht.[2] Auch das Vokabular, mit dem sie in der Regel bedacht wurde, ist bemerkenswert. In seinen 1962 veröffentlichten und noch heute nützlichen »Werkstattgesprächen mit Schriftstellern« meinte Horst Bienek, am besten habe Marie Luise Kaschnitz ein Student charakterisiert, der auf die Frage, warum er ihre Poetik-Vorlesungen besuche, antwortete: »Frau Kaschnitz ist eine Dame, die anderen sind ja nur Professoren ...«[3]

Seitdem will kaum ein Kritiker auf das Wort »Dame« verzichten, und wo dieses fehlt, da hören wir von einer »Lady«. Die Leser wurden belehrt: »Marie Luise Kaschnitz ist sich ihres Standes als Dame immer selbstverständlich bewußt.«[4] Sie sei – hieß es an anderer Stelle – »eine Dame, die es nicht nötig hatte, Damenhaftigkeit zur Schau zu tragen«.[5] Es ist, wie sich zeigte eine recht beständige Bezeichnung. Erst unlängst urteilte ein Kritiker der »Neuen Zürcher Zeitung«: »... und außerdem war sie eine Dame von Geblüt. Das hat sie zwar nie herausgekehrt, aber es ist spürbar eigentlich in jeder Zeile, in Eigenschaften ihres Stils, den man vornehm und zurückhaltend nennen möchte«.[6] Ist das denn gut, wenn in jeder Zeile einer Dichterin die Dame spürbar wird?

Daß die Damenhaftigkeit durchaus nicht immer als ein positiver Wert verstanden wurde, läßt sich einer 1966 in der »Frankfurter Allgemeinen Zeitung« gedruckten Rezension entnehmen – es ist ausnahmsweise eine skeptische Besprechung. Der Kritiker glaubte, den Erzählungsband »Ferngespräche« ohne viel Federlesens der »Damenliteratur« zurechnen zu müssen: Der Autorin dieses Buches wurde die Vorliebe »für das Abgeschliffene und sanft Verhüllte« vorgeworfen und auch noch eine »etwas flaue Versöhnlichkeit«, ja eine »Gepflegtheit«, die »in die Nähe des Gefälligen« gerate.[7]

Aber ob man die angebliche »Damenhaftigkeit« Marie Luise Kaschnitz nachgerühmt oder, wie in diesem Fall, verübelt hat, ein höchst fragwürdiger Begriff ist es allemal: Wer in einer Schriftstellerin zunächst und vor allem die Dame sieht, der mißt offenbar ihrem Lebensstil, ihren Manieren und ihrem Habitus mehr Bedeutung zu als ihrem Talent. So wird eine Intellektuelle aufs liebenswürdigste bagatellisiert, eine Künstlerin mithilfe höflicher Redensarten domestiziert. Denn die Vokabel »Dame« betont das Distinguierte auf Kosten anderer Qualitäten der Betroffenen und meint eine gesellschaftliche Position, die nichts mit der Literatur zu tun hat. Zugleich wird, gleichsam unterderhand, auf die Tendenz zur Selbststilisierung verwiesen.

Gewiß, das berühme Schnitzler-Wort »Wir spielen alle, wer es weiß, ist klug«[8] gilt auch für die Dichter und ganz besonders für die Dichterinnen. Viele von ihnen suchten und suchen Schutz in verschiedenen Rollen und hinter allerlei Masken. Else Lasker-Schüler oder Ingeborg Bachmann konnten gar nicht anders, sie mußten sich mit der Selbstinszensierung behelfen, sie fühlten sich gezwungen, eine Rolle zu spielen: Niemand in ihrer Umgebung vermochte zu ermessen, wo ihr Spiel aufhörte und wo die Wirklichkeit begann. Else Lasker-Schüler und Ingeborg Bachmann waren – und das mindert unsere Bewunderung für diese Dichterinnen nicht im geringsten – leidende Akteure ihrer selbst, unglückliche Komödiantinnen. Marie Luise Kaschnitz scheute die Öffentlichkeit nicht. Doch hatte sie keine Lust, ihr Leben zu inszensieren, kein Bedürfnis, ihre Person zu stilisieren. Sie war eine deutsche Dichterin und dennoch keine Komödiantin. Von der Damenrolle, in die man sie hineingezwängt hatte, wollte sie nichts wissen. In ihrem Gedicht »Selbstbildnis mit sechzig Jahren« heißt es:

> Von weitem könnte man dich
> Für eine Dame halten
> Wären da nicht
> Die Schatten unter den Augen
> Spuren des Nachtmahrs
> Und der vergeblichen Tränen.

Als man sie wieder einmal eine »grand old lady der Literatur« nannte, reagierte Marie Luise Kaschnitz hierauf (und zwar in ihren bisher leider kaum bekannt gewordenen »Aufzeichnungen aus dem Nachlaß«) gereizt und verärgert; sie bedauerte, daß man sie in Interviews nie nach ihren politischen Ansichten frage, nach ihrem Engagement und ihrer Progressivität. Niemand wolle wissen, ob sie ein auf der Flucht befindliches Mitglied der Baader-Meinhof-Gruppe in ihrer Wohnung versteckt hätte, hingegen wünsche man, daß sie ein wenig von Rom erzähle.[9]

Als in einer Laudatio ihr als Verdienst angerechnet wurde, daß sie – nach Ansicht des Redners – kein Tabu verletzt habe, widersprach Marie Luise Kaschnitz aufs lebhafteste: »Ohne Vordenkopfstoßen in irgendeinem Sinne« – notierte sie – »kann große Kunst nicht gedeihen, und wer gerade deswegen gelobt wird, weil er angeblich niemanden vor den Kopf gestoßen hat, wird mit solchem Lob ausgetilgt aus dem Kreis derer, die er sein Leben lang bewundert und hochgehalten hat.«[10]

So wurde Marie Luise Kaschnitz gerühmt und gefeiert und doch – sie spürte es deutlich – nicht ganz ernst genommen. Genauer: Man hat sie aufrichtig geschätzt und freundlich geschont. Das mochte damit zusammenhängen, daß sie, ähnlich wie Theodor Fontane, ihre schönsten und wichtigsten Bücher erst im Alter geschrieben hat. Überdies war sie als Dichterin der Tradition gekennzeichnet, was in Deutschland, wo man die Tradition gern mit der Konvention verwechselt, stets etwas zweideutig klingt. Kurz, man hatte es eilig, Marie Luise Kaschnitz schon zu Lebzeiten ins Literarhistorische, ins Museale zu entlassen oder gar, wie gesagt, in die »Damenliteratur« abzuschieben.

Aber konventionell ist ihr Werk nicht und damenhaft am allerwenigsten. Mit flauer Versöhnlichkeit, gar mit Gefälligkeit hat es nichts gemein. Und mit der Kategorie des Aristokratischen kann man ihrer Person überhaupt nicht beikommen. Vielmehr läßt sich auf sie beziehen, was der Pastor Lorenzen am Sarg des Barons Dubslav von Stechlin sagt: »Er war kein Programmedelmann, kein Edelmann nach der Schablone ... Er war recht eigentlich frei.«

Auch Marie Luise Kaschnitz fiel aus dem Rahmen – und damit ist ebenso ihre private Existenz gemeint wie ihre schriftstellerische Laufbahn. Sie war ein wahrhaft freier, ein unabhängiger Mensch. Sie ging ihren Weg – sehr entschieden und ganz leise. Gern ließ sie sich beraten, doch von niemandem beirren. Sie nahm an unserem literarischen Leben teil – und hat dennoch niemandem nach dem Munde geredet: weder ihren Lesern noch ihren Kollegen, weder den Kritikern noch den Verlegern, von den Politikern ganz zu schweigen.

Zu den großen Schriftstellern – schrieb sie 1965 – gehöre sie nicht, denn diese seien alle unerbittlich gewesen, ihr aber komme fast immer, wenn sie richtig zuschlagen möchte, ihr Erbarmen mit den Menschen in die Quere.[11] Allerdings trifft das, genau besehen, nur auf ihre Geschichten zu, vor allem auf jene, die in den beiden unvergeßlichen Bänden »Lange Schatten« und »Ferngespräche« gesammelt sind. Wenn Marie Luise Kaschnitz in dieser erzählenden Prosa das helle und harte Licht, das alle Einzelheiten sichtbar macht, eher vermieden und manches bewußt ausgespart hat, wenn sie die Konturen gelegentlich verschwimmen ließ – so nur deshalb, weil sie meinte, sie sei verpflichtet, auch die Geschöpfe ihrer Phantasie taktvoll und diskret zu behandeln. Ihr Erbarmen mit dem leidenden Individuum nötigte sie, ihm das Halbdunkel zu gönnen.

Dies aber hat die Deutlichkeit ihrer Kurzgeschichten nicht beeinträchtigt und deren Qualität keineswegs gemindert. Im Gegenteil: Wir haben es mit einer Epik zu tun, in der – wie etwa in den Stücken und Novellen des großen Anton Tschechow – das Entscheidende, das Allerwichtigste nicht gesagt, sondern in den Pausen zwischen den Worten verborgen wird. Ob in der Prosa oder in der Lyrik – Marie Luise Kaschnitz vermag, wie kaum ein anderer Dichter dieser Epoche, das Verstummen auszudrücken und die Lautlosigkeit hörbar werden zu lassen. Sie ist eine Meisterin des beredten Schweigens.

Dennoch gibt es in ihrem Werk eine Person, von der sie ohne Mitleid spricht. Diese Person, die im Mittelpunkt ihrer Tagebücher und Erinnerungen steht – und hier muß der kurz vor ihrem Tod erschienene Band »Orte« besonders hervorgehoben werden – ist niemand anders als sie selber. Damit berühren wir freilich einen heiklen Punkt: Wann immer Schriftsteller öffentlich auf ihre Grenzen und Schwächen aufmerksam machen oder sich gar irgendwelcher Sünden bezichtigen, drängt sich der

Verdacht auf, sie wollten das Publikum überzeugen, daß sie zu allen anderen Tugenden auch noch über die der strengen Selbstkritik und der Selbstüberwindung verfügen.

Anders Marie Luise Kaschnitz: Sie besaß die gerade unter unseren bekannten Poeten so seltene Gabe, unbefangen und natürlich über sich selber zu sprechen – ohne falsche Bescheidenheit und ohne einen Schimmer von Koketterie. Als sie für den Büchner-Preis dankte, betonte sie sogleich, daß man ihr eigenes Leben nur im Gegensatz zu jenem des Preispatrons sehen könne. Sie habe nie eine »bestimmte Vorstellung davon gehabt, wie man die Weltordnung ändern müßte«, ja sie habe »nicht einmal den verzehrenden Wunsch« gekannt, ihre eigenen Interessen und Angelegenheiten dem allgemeinen Wohl unterzuordnen.[12]

Sie scheute sich nicht, offen zu bekennen, daß sie nie eine Vorkämpferin der Emanzipation war, mehr noch, die Frauenbewegung sei ihr gleichgültig gewesen: »Ich gehörte zu denen, die ihre Leistungen anerkannten, aber ihr Erbe verschenkten.«[13] Als Ende der sechziger und Anfang der siebziger Jahre das Ästhetische immer lauter denunziert und das Gesellschaftskritische immer dringlicher gefordert wurde, ließ sich Marie Luise Kaschnitz nicht aus der Ruhe bringen: Sie verteidigte die »herrliche und gefährliche Subjektivität« der Schriftsteller, sie plädierte für deren Recht, zu träumen und zu spielen, und sprach vom notwendigen Mut zur Übertreibung.

Andere erklärten damals, der Dichter habe gleichsam ein öffentliches Amt zu bekleiden. Davon wollte sie nichts hören. Es genüge, wenn er »das Sprachrohr der Ratlosigkeit seiner Zeit« sei. Für seine Rolle und seine Aufgabe in der Gesellschaft fand sie die so schlichten wie treffenden Worte: »Der Dichter soll das Erwünschte verschweigen und das Unerwünschte sagen.«[14] Diesem Postulat entspricht denn auch das ganze Spätwerk der Marie Luise Kaschnitz.

Sie werde, glaubte sie, wenn überhaupt, dann bloß als »eine ewige Autobiographin, eine im eigenen Umkreis befangene

Schreiberin«, in die Literaturgeschichte eingehen.[15] Hier muß
man wiedersprechen. Zunächst einmal: In vielen ihrer Gedichte
und Geschichten, ihrer Hörspiele und Aufsätze kann man die
Selbstdarstellung nicht mehr erkennen. Gewiß, wir haben es
mit einer Literatur zu tun, in der unzweifelhaft das Private im
Vordergrund steht, einer Dichtung übrigens, der das Sympho-
nische fremd ist, die sich vielmehr durch hohe, man könnte
wohl sagen, kammermusikalische Intimität auszeichnet.

Nur wird hier das Persönliche stets zur öffentlichen Sache
erhoben, das Private gerät ohne viel Aufhebens zur Zeitkritik.
Wahrlich, die nicht sehr geräumige Etagenwohnung der Marie
Luise Kaschnitz in der Frankfurter Wiesenau ähnelte einem
Elfenbeinturm am allerwenigsten. Nie hat sich diese Autorin
und Bürgerin von der Gegenwart, vom Alltag und somit auch
von der Politik abgewandt. Die »Zeitgenossenschaft« – sie
gebrauchte die Vokabel gern – war für sie keine Pflicht, sondern
eine Selbstverständlichkeit.

»Zeitgenossenschaft« – das bedeutete für Marie Luise Kaschnitz, geboren 1901, auch und vor allem die Auseinandersetzung mit jener deutschen Vergangenheit, die wir, euphemis-
tisch genug, als die dunkle zu bezeichnen pflegen. Abermals
erwies es sich, wie wenig sie geneigt war, Nachsicht zu üben
und sich selber zu schönen. In ihrem Buch »Orte«, einem
Seitenstück zu Max Frischs erstem »Tagebuch«, berichtet sie,
sie habe »lieber den Arm gehoben, Heil Hitler gesagt, den
Krieg wird er ohnehin verlieren«. Ihr wurde von Massen-
vernichtungen erzählt, indes: »Ich, von Natur feige und
mit einer quälenden Vorstellungskraft ausgestattet, hielt den
Mund.«[16]

Als in Frankfurt der Auschwitz-Prozeß stattfand, um den
sich damals kaum ein Schriftsteller der Bundesrepublik kümmern wollte, da schrieb Marie Luise Kaschnitz das Poem
»Zoon politikon«, in dem sich die Verse finden:

So werden wir
Du Bruder und ich
Hinübergehen
Schuldig.
Denn freizusprechen ist keiner.

Sie wußte, daß eine solche Vergangenheit kein Ende haben kann, solange die Täter und die Opfer leben, daß sie sich eben nicht bewältigen läßt, sich vielmehr unerwartet und hartnäckig zu Wort meldet – und sei es im Traum: »Ich sah, im Traum, mit an, wie Juden mißhandelt wurden, ich hätte einschreiten, zum mindesten protestieren können, und tat keines von beiden . . .«[17] An einer anderen Stelle: »In der Nacht stehen sie da, reißen dir die Lider auf, verlangen die Zeugenaussage, von dir, ja gerade von dir.« So heißt es in dem Buch »Steht noch dahin«, einer Sammlung von Prosastücken, die, Beobachtungen aus Vergangenheit und Gegenwart betreffend, tatsächlich sind, wie Zeugenaussagen sein sollten: knapp, nüchtern und inhaltsreich.

Hier, wo einzig von den Schrecken unserer Epoche die Rede ist, weigert sich die Autorin zu erzählen und zu kommentieren. Hier wird nur noch berichtet und konstatiert. Präsent sind unentwegt: der Schmerz und das Sterben, der Tod und die Trauer. So ist das Ostinato dieser Prosa die scheinbar gelassene Formulierung des Apokalyptischen: Sie bleibt immer ganz leise und wirkt eben deshalb erschütternd und beklemmend. Das Buch erreicht seinen Höhepunkt in kargen und kahlen Feststellungen: »Wir können noch sehen, wir können noch hören, wir können noch leiden, noch lieben.«

Die Dominante im Werk der Marie Luise Kaschnitz – auch daran erinnert uns der kleine Prosaband »Steht noch dahin« – ist das Lyrische. Sie war eine Dichterin, die nicht müde wurde, die Menschen genau und auch kritisch zu beobachten und über sie zu staunen. Und was sie zeigen wollte, stellte sie mit den Mitteln der Poesie dar, aber sie hat nichts poetisiert, nichts beschönigt. In einem ihrer berühmtesten Gedichte konnte sie sich resümierend, doch nicht resignierend darauf berufen, was sie nicht gesagt hatte:

> Euch nicht den Rücken gestärkt
> Mit ewiger Seligkeit
> Den Verfall nicht geleugnet
> Und nicht die Verzweiflung

Das ist nicht die Sprache, die Literatur einer »Dame«. Ihr Alterswerk beweist auch, wie falsch es war, in Marie Luise Kaschnitz stets nur die Traditionalistin sehen zu wollen. Kein Zweifel, sie hat in Vers und Prosa an die Tradition angeknüpft und sich immer zu ihren Repräsentanten bekannt. Indes vermochte sie das Epigonale, das ihr gelegentlich sanft angekreidet wurde, in den fünfziger Jahren abzustreifen und schrieb Gedichte, deren ungebundene und schmucklose Rede den Lakonismen zum Trotz nichts von ihrem Charme und ihrer Anmut einbüßte und auch nichts duldete, was der damals allgemeinen Vorstellung vom Poetischen entgegengekommen wäre. Die Zeitströmungen gelassen ignorierend, schuf sie eine Lyrik, deren Modernität sich niemals dem Modischen näherte. In einem ihrer späten Gedichte findet sich die überraschende Zeile: »Alt sein heißt suchen.« Bis zum Ende blieb Marie Luise Kaschnitz dieser Devise treu.

In ihrem Poem zum höheren Ruhme der Stadt, in der sie vor zehn Jahren gestorben ist, lesen wir:

> Nimm auf Dich die schmerzliche Schönheit
> und die Last der Vergangenheit.
> Und die Schwermut des Ackers von Rom, die
> die Schwermut der Welt ist.
> Nimm auf Dich das Alte, das nicht ausgetilgt wird
> Und das Neue, das nicht kommt wie ein Weihnachtstag.

Vielleicht läßt sich mit diesen Versen das Bild der Dichterin Marie Luise Kaschnitz noch am ehesten andeuten. Sie war

konservativ und fortschrittlich zugleich und beides in dieser
Begriffe bester Bedeutung. Sie nahm auf sich »die schmerzliche
Schönheit und die Last der Vergangenheit« und das Alte, das
um keinen Preis ausgetilgt werden darf – kurz: all das, was wir
Tradition nennen. Und sie hörte nicht auf, das Neue, das eben
nicht kommt wie ein Weihnachtstag, zu suchen, zu begreifen
und zu verteidigen.

Sie hat die »Schwermut der Welt« besungen. Und schwer-
mütig ist ihr Werk, aber nicht hoffnungslos. Denn auch in
düstersten Zeiten bietet das vollkommene Wort Hoffnung – für
alle, die es erreicht. Unsere Aufgabe ist es, dafür zu sorgen, daß
sie weiterhin vernommen wird: die Stimme der Marie Luise
Kaschnitz.   (1984)

WOLFGANG KOEPPEN,
DER DICHTER DER AGGRESSIVEN RESIGNATION

Wenn gewisse Äußerungen hervorragender Schriftsteller oder Philosophen von Generation zu Generation weitergereicht und immer wieder zitiert werden, so hat das in der Regel seine guten Gründe: Nicht aus Bequemlichkeit beruft man sich auf dieselben Formulierungen, sondern weil es – zumindest in den meisten Fällen – Worte sind, die tatsächlich den Nagel auf den Kopf treffen. Auf einen bestimmten, oft individuellen Sachverhalt abzielend, gehen sie zugleich, ohne daß dies beabsichtigt wäre, weit über ihn hinaus: Sie sind übertragbar.

Als Goethe in »Dichtung und Wahrheit« die Leser mit der Erklärung verblüffte – denn damals war es eine verblüffende Erklärung –, alle seine so unterschiedlichen Arbeiten seien »nur Bruchstücke einer großen Konfession«[1], da meinte er bloß das eigene Werk. Indes gilt der knappe Befund auch für viele andere, doch keineswegs für alle bedeutenden Autoren. Er trifft übrigens eher auf die Lyriker und die Romanciers zu als auf die Dramatiker – und wohl deshalb, weil diese am wenigsten zur direkten Selbstdarstellung neigen: Die Romane und Erzählungen Franz Kafkas oder Hermann Hesses, die Gedichte Georg Heyms oder Georg Trakls lassen sich sehr wohl als »Bruchstücke einer großen Konfession« begreifen, doch nicht die Dramen Gerhart Hauptmanns oder jene Bertolt Brechts.

Allem Anschein nach haben den Erzähler und Essayisten Wolfgang Koeppen derartige Fragen, sofern es um seine eigenen Bemühungen ging, nie ernsthaft beunruhigen können. Das soll heißen: *Er* hatte überhaupt keine Wahl. Für ihn war Literatur von Anfang an nichts anderes als Selbstdarstellung, also eben Konfession. Und wenn das, war er schrieb, einen Zweck hatte, dann war es vor allem die (mehr oder weniger geheime) Selbstverteidigung. Verteidigung – müssen wir gleich fragen – wogegen?

Wer »Jugend«, Koeppens autobiographisches Buch aus dem Jahre 1976 kennt, ist versucht zu antworten: gegen die Gesellschaft, in die er hineingeboren wurde, genauer, gegen eine Gesellschaft, von der eine unverheiratete Mutter »auf dem Altar der hämischen Göttin Sitte« gebrandmarkt und deren Sohn fortwährend schmerzlich gekränkt wurde. Indes wäre dies eine zwar nicht unbedingt falsche, doch allzu enge und allzu oberflächliche Deutung.

Man sollte sich hüten, die biographischen und zeitgeschichtlichen Umstände, die natürlich auf Koeppens Weg und Werk Einfluß hatten, zu unterschätzen oder gar zu ignorieren. Aber ebenso fahrlässig wäre es, die Ergebnisse mit den Anlässen zu verwechseln. Anders ausgedrückt: So wichtig in Koeppens Prosa die gesellschaftskritischen Elemente auch sind, so wenig kann man ihr mit derartigen Kriterien und Kategorien gerecht werden. Sein Protest ist tiefer und radikaler zugleich.

In dem Buch »Jugend« erzählt Koeppen, wie er, damals ein Halbwüchsiger, in seiner Heimatstadt ein Gericht aufsuchen mußte. Es ist das Vormundschaftsgericht, es handelt sich offensichtlich um eine routinemäßige Vorladung, eine gänzlich belanglose Angelegenheit. Dennoch empfindet der Junge die Sache als demütigend. »Ich suchte« – schreibt Koeppen – »eine Tür und meinte einen Ausweg. Ich war angezeigt worden, von wem, von jedermann, keiner Tat bezichtigt . . .« Was sich in dem Gericht abgespielt hat, erfahren wir nicht. Aber die Reaktion des Jungen ist exemplarisch: »Ich ging absichtlich gebeugt. Ich wünschte mir einen Buckel. Ich wollte ausgestoßen sein. Sie sollten es sehen.«

Der erwachsene Koeppen hatte es nicht nötig, absichtlich gebeugt zu gehen. Er brauchte keinen Buckel mehr. Er hatte andere Möglichkeiten, seine Leiden zu kompensieren, seine

Ablehnung der Welt zu artikulieren. Denn er konnte schreiben. Aber die Situation des unehelich geborenen Knaben in jenem Vormundschaftsgericht ist und bleibt die Grundsituation der Epik Wolfgang Koeppens, zu der übrigens auch seine Reisebücher gehören und auch seine Aufsätze über Schriftsteller.

Was immer Koeppen erzählt, es sind Geschichten von Menschen, die vor vielen Türen stehen, doch keinen Ausweg finden. Wie Josef K. in Franz Kafkas »Prozeß« fühlen auch sie sich angeklagt, ohne zu wissen, was man ihnen vorzuwerfen hat. Sie sehen sich von einer feindlichen Welt umgeben. Über Friedrich, den melancholischen Helden des Romans »Eine unglückliche Liebe«, heißt es: »Die Welt stand wieder gegen ihn auf. Es war ohne Sinn und Verstand und nie zu begreifen.« Auch dem Baumeister Johann von Süde, von dem wir in dem Roman »Die Mauer schwankt« hören, erscheint die Welt unbegreiflich.

So streben Koeppens Menschen nicht einem Ziel zu, sondern wimmeln durcheinander wie Tauben im Gras, wie aufgescheuchte Vögel. Sie sind auf der Flucht vor einem Dasein, dessen Unheimlichkeit sie spüren, vor einer Welt, die ihnen sinnlos und rätselhaft erscheint: »Keiner weiß, warum wir hier sind, die Vögel werden wieder auffliegen, und wir werden weitergehen.« Sie alle wollen, wie jener Knabe in der »Jugend«, ausgestoßen sein. Es ist ihr Programm, ihr *einziges* Programm. Auch dies gilt für alle Bücher Koeppens. Denn seine erfolgreichen und berühmten Reisebücher – was sind sie anderes als poetische Rapporte von der Suche nach dem verlorenen Ich. Und in den Aufsätzen des Bandes »Die elenden Skribenten«, in denen er Schriftsteller aus Vergangenheit und Gegenwart porträtiert, besingt Koeppen immer wieder gerade die Verzweifelten, die Gestrauchelten und die Gestürzten.

Immer gilt seine Liebe den Nichtdazugehörenden, die sich überall fremd fühlen, den Nonkonformisten, die ihren Platz nicht finden können und meist auch nicht finden wollen, den Siegern, die leer ausgehen und unglücklich bleiben. Er hat eine Schwäche für alle, die den Grenzbezirken, den Abgründen des

Daseins nicht widerstehen können. In ihnen, den Sorgenkindern des Lebens, die er auch für dessen Sündenböcke hält, erkennt Koeppen seine Brüder, ihnen, den meist Untüchtigen, wenn auch Genialischen, fühlt er sich verwandt und verpflichtet. Über Chamisso, einen dieser Zerrissenen, schreibt er: »Es war ein Angsttraum, in dem er lebte, fatal und schön, im Gefühl, ausgestoßen und erwählt zu sein.« Koeppen feiert die Elite der Ausgestoßenen.

Seine Essays zeigen deutlich, daß Koeppen, der Schwierige, vom Geschlecht der Heimatlosen ist: Von Einsamkeit getrieben, kann er sich bestenfalls von der Literatur erhoffen, was er braucht und was sich sonst nirgends finden läßt – Schutz und Zuflucht. Ja, er hat nur eine einzige Heimat: die Literatur. Das eben unterscheidet ihn von jenen deutschen Autoren, die in den fünfziger Jahren, als seine Romane »Tauben im Gras«, »Das Treibhaus« und »Tod in Rom« erschienen, in der Bundesrepublik im Mittelpunkt des Interesses standen: also von engagierten Schriftstellern wie Heinrich Böll, wie Alfred Andersch, wie der mittlerweile schon vergessene Gerd Gaiser.

Diese Erzähler haben der von ihnen kritisierten westdeutschen Gesellschaft allerlei Vorschläge, Angebote und Rezepte unterbreitet. Sie waren kühn oder vielleicht naiv genug, der von ihnen verurteilten Welt mehr oder weniger deutlich skizzierte Kontrastwelten entgegenzuhalten. So glaubte Böll, der Katholik, an die Einfalt, die Schlichtheit, an die Naivität. Andersch, der Exkommunist, blieb der Solidarität des kämpfenden Proletariats treu. Gaiser wiederum, der Nationalsozialist von gestern, ließ sich nach wie vor vom Mythos des Blutes und des Bodens faszinieren. Diese drei Autoren waren wie ihre Helden – Enttäuschte, die gleichwohl nicht resignieren wollten.

Natürlich ist auch Koeppen ein engagierter Schriftsteller. In der Rede, mit der er 1962 für den Büchnerpreis dankte, sagte er: »Ich sah den Dichter, den Schriftsteller bei den Außenseitern der Gesellschaft, ich sah ihn als Leidenden, als Mitleidenden, als Empörer, als Regulativ aller weltlichen Ordnung ... Ich habe

später von der engagierten Literatur reden hören, und es verblüffte mich dann schier, daß man aus dem Selbstverständli-
chen, so wie man atmet, eine besondere Richtung oder eine
eigene Mode machen wollte.«[2]

Aber was Koeppens Engagement von demjenigen eines Böll
oder Andersch oder Gaiser unterscheidet, ist die simple Tatsache, daß er nie für eine Ideologie oder für ein politisches
Programm plädiert hat. Die Erziehbarkeit des Menschen war
für ihn immer nur eine Illusion, nie hat er an den Fortschritt
geglaubt. So brauchte er auch nie eine Enttäuschung zu erleben.

Er war von Anfang an ein Dichter der Resignation, der
freilich in den fünfziger Jahren zu einem Poeten der *aggressiven*
Resignation wurde. Das Ostinato seiner Bücher ist die dunkle
Ahnung von der großen Vergeblichkeit: Die Engel, die jene
erlösen können, die immer strebend sich bemühen, kennt
Koeppen nicht. Seine Engel sind Todesboten. Und wenn bei
ihm von Fahnen die Rede ist, dann sind es die weißen Fahnen
der Niederlage oder die schwarzen der Anarchie. Einen Sieg
gibt es nicht, kann es nicht geben. Denn wir sind – wie es in der
»Jugend« heißt – »von Anbeginn verurteilt«. Nicht gegen eine
Gesellschaftsordnung protestiert also Koeppen, sondern gegen
die Existenz schlechthin.

Für seine Prosa gilt, was er im »Tod in Rom« eine seiner
Figuren sagen läßt: »Ich stellte Fragen, eine Antwort wußte ich
nicht, eine Antwort hatte ich nicht, eine Antwort konnte ich
nicht geben.« Lösungsvorschläge oder gar Gegenentwürfe wird
man also in diesen Büchern schwerlich finden. Sie bieten nicht
Antworten, sondern Fragen. Sie beunruhigen, ohne zu trösten.
Sie heilen nicht, sie verletzen.

Aus alldem könnte man folgern, Koeppens Werk sei hoffnungslos und düster, er kehre dem Dasein gleichsam den
Rücken zu. Nichts trifft weniger zu als diese (freilich nahelie-
gende) Vermutung. Ihn charakterisiert vielmehr die paradoxe,
die romantische Verbindung von Weltflucht und Lebenshun-
ger: Was diesen Erzähler schaudern läßt, fasziniert ihn zu-

gleich. Er möchte sich von der Welt abwenden und sie dennoch
genießen. Eine Dichtung, die vom Konkreten ausgeht und sich
am Konkreten bewährt, die ihre unvergleichbare Kraft vor
allem dem Sinnlichen verdankt, kann gar nicht düster sein.
Gewiß, Koeppen hat schon recht, wenn er diese Bruchstücke
einer großen Konfession als den »Versuch eines Monologs
gegen die Welt« bezeichnet. Und doch muß man ihm widersprechen.

In dem berühmten Chandos-Brief beklagte einst Hugo von
Hofmannsthal die Ohnmacht der Sprache; diese Klage aber
formulierte er so wortgewaltig, daß der »Brief« die in ihm
vorgetragene These von selbst widerlegte. Ähnlich verhält es
sich mit dem Werk Wolfgang Koeppens. Ob er es wollte oder
nicht – sein Protest gegen die Existenz ist insgeheim auch ein
Plädoyer für den Reiz des Daseins. In seiner bitteren Elegie
verbirgt sich zugleich ein Preislied auf die Schönheit des Lebens: Sein Monolog gegen die Welt ist schließlich doch ein
Monolog *für* die Welt.

Daß Wolfgang Koeppen einer der originellsten Prosapoeten,
einer der vorzüglichsten Stilisten unserer zeitgenössichen Literatur ist – diese Feststellung gleicht heute nur noch einer
kühnen Banalität. Schon in den fünfziger Jahren, als ihn viele
attackierten und zu ignorieren versuchten, haben Alfred Andersch, Hans Magnus Enzensberger und Walter Jens seine
Kunst bewundert und gerühmt, schon damals wurde mit
enthusiastischen Superlativen nicht gespart. Später, in den sechziger Jahren, ließen sich seine Gegner kaum noch vernehmen:
Man war sich in der Beurteilung Koeppens weitgehend einig,
die Qualität seiner Prosa war schon unumstritten. So ist es bis
heute geblieben.

Allerdings herrschte diese Einigkeit nur unter Literaten, die
außerordentliche Wertschätzung Koeppens war Sache einer
verhältnismäßig kleinen Minderheit. Auch dies hat sich bis
heute nicht geändert. Während die Bücher von Max Frisch und
Heinrich Böll, von Günter Grass und Siegfried Lenz Millionen-

auflagen erzielen, erreichen die seinigen stets nur Tausende oder bestenfalls Zehntausende. Während die Namen der anderen in aller Munde sind, ist Koeppen, obwohl er längst mit den allerhöchsten Literaturpreisen ausgezeichnet wurde, paradoxerweise nach wie vor eine Art Geheimtip.

Hätten wir es also mit einem Autor vor allem für Literaten zu tun? Sollte dies tatsächlich der Fall sein, dann müßte man daran erinnern, daß ähnliches einst auch auf Robert Walser zutraf, auf Franz Kafka und Robert Musil – um nur Schriftsteller aus unserem Jahrhundert zu nennen. Den sonderbaren Eigenbrötlern, die sich um die literarischen Richtungen und Strömungen so wenig kümmerten wie um die Wünsche des Publikums, den besessenen Außenseitern, die ihre Ziele fast wie Amokläufe verfolgten, hatte die deutsche Literatur stets das meiste zu verdanken.

Einer von ihnen, einer dieser »elenden Skribenten«, die sich mit der Welt, wie sie ist, nicht abfinden können, ist Wolfgang Koeppen. Auch und gerade für ihn selber gelten seine Worte: »Jeder, der schreibt, webt weiter am großen Märchenteppich der Welt. Alle dichten das Prinzip Hoffnung . . .«[3]

(1982)

HANS WERNER RICHTER
ODER EINE KLEINE UNSTERBLICHKEIT

Über seine Romane mag es unterschiedliche Urteile geben. Aber in einer Hinsicht wird man sich leicht einigen können: Eine solche Figur hat die Geschichte der deutschen Literatur noch nie gekannt. Gemeint ist Hans Werner Richter, der morgen siebzig Jahre alt wird.

Er kommt aus Pommern, sein Vater war Fischer. Um die Erziehung des Jungen hat man sich offenbar nicht viel gekümmert: Er war schon früh auf sich selbst gestellt. Erst mußte er als Gemeindediener arbeiten, dann war er Lehrling in einer Buchhandlung in Swinemünde. Statt jedoch die Lehre abzuschließen, ging er zur See, hielt es auch dort nicht aus und kam 1927 in eine Berliner Buchhandlung, wo man ihn als Gehilfen beschäftigte.

Sehr bald wollte er sich politisch betätigen. Es war die Zeit, da junge Menschen, zumal proletarischer Herkunft, sich für eine der beiden Parteien entschieden, die radikale Lösungen versprachen: für die Kommunisten oder für die Nazis. Richter hatte keine Zweifel: Er ging um 1930 zur KPD, 1933 wurde er als Trotzkist aus der Partei wieder ausgeschlossen – und es ist möglich, daß es gerade dieser Umstand war, der ihn vor dem Konzentrationslager bewahrte.

Er floh nach Paris, wo es ihm sehr schlecht ging, weshalb er 1934 nach Berlin zurückkehrte. Er versuchte sich in verschiedenen Berufen und fand schließlich, von der Gestapo mehrfach vernommen und unter Aufsicht gestellt, Unterschlupf im Buchhandel. Aber 1940 war er Soldat. 1943 geriet er während der Schlacht bei Monte Cassino in amerikanische Kriegsgefangen-

schaft. In einem Lager in den Vereinigten Staaten, wo er eine
Zeitschrift für Kriegsgefangene redigierte, begann seine schriftstellerische und journalistische Laufbahn.

Als er 1946 wieder nach Deutschland zurück durfte, ließ er
sich in München nieder und war schon wenige Jahre später
einer der bekanntesten Vertreter wenn auch nicht gerade der
jungen, so jedenfalls der neuen deutschen Literatur. Seinen
Büchern, zumal den Romanen, die man heute nicht ohne
Verwunderung wieder liest, kann man nur gerecht werden,
wenn man den zeitgeschichtlichen Hintergrund und Richters
Ausgangspositionen berücksichtigt. Er hat sich nie als Künstler
verstanden, nie war es sein Ehrgeiz, neue Mittel der Epik zu
erproben. Vielmehr sprach hier einer, der vieles erlebt hatte und
nun nach langen Jahren des Schweigens das Bedürfnis empfand,
seine Erfahrungen anderen mitzuteilen. Und was immer Richter nun erzählte – stets war die pädagogische Absicht unverkennbar: Er wollte auf seine Zeitgenossen Einfluß ausüben,
ihnen zeigen, was geschehen war, damit sie daraus die Folge-
rungen ziehen.

Der Roman »Die Geschlagenen« (1949), der als das erste
Kriegsbuch eines deutschen Soldaten nach 1945 gilt, beginnt in
Italien, wo die deutschen Truppen versuchen, die Alliierten bei
Monte Cassino aufzuhalten, und spielt dann in einem amerikanischen Kriegsgefangenenlager, in dem fanatische Nationalso-
zialisten herrschen. Der umfangreiche Zeitroman »Sie fielen aus
Gottes Hand« (1951) erzählt in zwölf parallel verlaufenden und
geschickt miteinander verknüpften Handlungen die Lebens-
wege (etwa zwischen 1939 und 1950) von zwölf aus verschiedenen Ländern stammenden Menschen, die sich schließlich allesamt in einem deutschen Flüchtlingslager treffen. In einem
dritten Kriegsbuch (»Du sollst nicht töten«, 1955) behandelt
Richter die Geschichte einer vielköpfigen Familie, deren Erlebnisse gleichnishaft verstanden werden sollen. Aus dieser Zeit
stammt auch der autobiographische Roman »Spuren im Sand«
(1953), in dem er Motive aus seiner Kindheit und Jugend in

Pommern aufgreift. Das bisweilen skeptische Echo der Kritik hat diesen Schriftsteller nie entmutigen können. Von seinen weiteren Büchern seien genannt: der satirische Roman »Linus Fleck oder der Verlust der Würde« (1958), die Reportagen von einer Reise in den orientalischen Teil der Sowjetunion (»Karl Marx in Samarkand«, 1967), der Erzählungsband »Blinder Alarm« (1970), der in den Jahren der Weimarer Republik spielende Roman »Rose weiß, Rose rot« (1971) sowie mehrere politische Veröffentlichungen und Kinderbücher.

Aber Hans Werner Richter – das ist ungleich mehr als die Summe der Bücher, die dieser Mann geschrieben, und jener anderen, die er angeregt und herausgegeben hat. Auf Richter darf man die Worte Friedrich Schlegels beziehen, mit denen kein Geringerer als Lessing gemeint war: »Er selbst war mehr wert als alle seine Talente. In seiner Individualität lag seine Größe.«[1]

Größe? Das Wort mag unangemessen scheinen, denn was Richter auch tut, er macht es unfeierlich und lässig. Und hinter allen seinen Aktivitäten spürt man immer einen liebenswerten Dilettanten. Er hat im Laufe der Jahre viel organisiert, ohne uns von seinem Organisationstalent so recht überzeugen zu können. Von deutscher Gründlichkeit war da nie etwas zu merken. Eher hatte man den Eindruck, daß hier einer leichtsinnig improvisiert. Die Lösungen, die Richter zu bieten hatte, waren stets nur Provisorien. Doch nichts ist, sagen die Franzosen, dauerhafter als das Provisorium.

So war er der Herausgeber und der Chefredakteur der von ihm 1946 zusammen mit Alfred Andersch gegründeten Zeitschrift »Der Ruf«, die bald mehr als 100 000 Abonnenten in allen vier Besatzungszonen hatte, doch schon im April 1947 von der amerikanischen Militärregierung verboten wurde. Der Grund: Die von der Zeitschrift geübte, freimütige Kritik an den Maßnahmen der Besatzungsmächte, zumal der sowjetischen Verwaltung. Der Nachfolgezeitschrift (»Der Skorpion«) wurde gleich, nachdem die erste Nummer vorlag, die Lizenz entzogen.

Doch Richter dachte nicht daran, etwa zu kapitulieren. Ab 1952 gab er die Zeitschrift »Die Literatur« heraus. 1956 gründete er den »Grünwalder Kreis«, einen Zusammenschluß »demokratisch gesonnener Kräfte«, zumal »heimatloser Linker«, die neofaschistische Tendenzen in der Bundesrepublik bekämpfen wollten. Daß er Ende der fünfziger Jahre auch noch Präsident der Europäischen Föderation gegen Atomrüstung war, sei nur am Rande erwähnt.

Und schließlich und vor allem: Auch jene Organisation, die als Richters Hauptwerk gelten kann und die ihm eine kleine Unsterblichkeit sichert, war nicht mehr und nicht weniger als ein Provisorium, entstanden aus der Not der Stunde. Es begann im September 1947, als jene erste Nummer der neuen Zeitschrift »Der Skorpion« nicht ausgeliefert werden durfte. Was tun mit den vielen schönen Beiträgen, die nun keiner lesen sollte? Da kam Richter auf die sehr einfache und fast geniale Idee: Die Autoren könnten sich doch ihre Beiträge gegenseitig vorlesen und dann darüber ein wenig reden. Das von Richter damals mehr improvisierte als tatsächlich organisierte Treffen war, wie es in den Literaturgeschichten heißt, die »Geburtsstunde« der »Gruppe 47«.

Das Weitere ist bekannt: Es wurde schon unzählige Male dargestellt in literarhistorischen Arbeiten und analysiert in wissenschaftlichen Untersuchungen, diskutiert in Seminaren und auf Symposien. Dabei ist das Thema schwer faßbar oder gar definierbar. Was die »Gruppe 47« nicht war, läßt sich leicht sagen: kein Verein und kein Verband, kein Klub und keine Gesellschaft. Sie hatte nie eine Satzung – und deshalb konnte sie so lange existieren. Sie hatte nie ein Programm – und deshalb konnte sie die unterschiedlichsten Schriftsteller vereinen. Sie hatte nie eine Mitgliedsliste – denn die Zusammensetzung der »Gruppe« veränderte sich von Jahr zu Jahr. Sie hatte nie einen Vorstand oder ein Präsidium. Sie hatte immer nur einen Chef, dessen Autorität von allen und ohne Abstriche anerkannt wurde: eben Hans Werner Richter.

Er hat sie also ins Leben gerufen, er war ihr unermüdlicher und immer gelassener Organisator, er hat zwanzig Jahre lang das Amt des Gesprächsleiters souverän und heiter verwaltet. Und er hat aus dieser »Gruppe 47« gemacht, was sie war: nämlich nicht eine Organisation, sondern eher ein Zentrum der deutschsprachigen Literatur, ein Sammelbecken, eine Probebühne, die drei Tage im Jahr existierte.

Was hat denn Richter veranlaßt, allen Schwierigkeiten zum Trotz diese Gruppe zwanzig Jahre lang am Leben zu halten? Die Liebe zur Literatur? Richtiger ist es wohl zu sagen: Sein Verhältnis zu den Schriftstellern. Er kennt sie, und er mag sie dennoch. Ja, dieser Hans Werner Richter liebt die ganze Zunft. Und es hat ihm Spaß gemacht, sie allesamt einmal jährlich zu versammeln. Wer zählt die Dichter, nennt die Namen, die gastlich hier beisammen waren? Und die Intrigen, die es im Laufe der Jahre gegeben hat – sie gehen auf keine Kuhhaut. Je größer die Widerstände, je böser die Intrigen, je zahlreicher die Verleumdungen – desto imponierender war auch Richters Fähigkeit, mit Geduld, Taktik, Humor und Klugheit alle wieder unter einem Hut zu vereinen.

Er holte sich die besten Berater, die interessantesten Autoren, die geistreichsten Kritiker. Er herrschte, wollte es scheinen, wie ein Diktator, doch in Wirklichkeit war es eine durchaus demokratische Gruppe, in der nicht die Willkür entschied, sondern die Qualität. Wenigstens einige Namen damals unbekannter Autoren, die in dieser Gruppe debütierten und oft auch ausgezeichnet wurden, seien hier erinnert: Ingeborg Bachmann, Heinrich Böll, Paul Celan, Günter Eich, Günter Grass, Ilse Aichinger, Hans Magnus Enzensberger, Siegfried Lenz, Wolfgang Hildesheimer, Walter Jens, Uwe Johnson, Alfred Andersch, Wolfdietrich Schnurre.

Zwanzig Jahre lang hat die »Gruppe 47« existiert, zwanzig Jahre lang hat dieses ambulante Romanische Café einen außerordentlich starken und alles in allem segensreichen Einfluß auf die deutschsprachige Literatur der Gegenwart ausgeübt. Das haben wir Hans Werner Richter zu verdanken. Solange man sich für die deutsche Literatur zwischen 1945 und 1970 interessieren wird, so lange wird man auch seiner gedenken.

(1978)

FRIEDRICH LUFT
ODER QUITTUNGEN FÜR ERLEBTES

Natürlich brauchen wir die Theaterkritik. Insoweit ist alles klar, Joseph Goebbels war der letzte, der sie für schädlich hielt und abschaffen wollte. Und den Theaterkritikern selber ist das Bedürfnis, an dem Ast zu sägen, auf dem sie sich meist einigermaßen gemütlich niedergelassen haben, eher fremd.

Aber wozu, zu welchem Zweck und Ende werden Theaterkritiken verfaßt und veröffentlicht? Wer da meint, daß sich jene, die sie schreiben, in dieser Hinsicht etwa einig sind, der irrt. Jeder Theaterkritiker, der etwas auf sich hält, denkt gern über seine Aufgabe und seine Funktion nach, jeder kommt zu einem anderen Ergebnis, jedem schwebt ein anderes Ziel vor. Ob die Theorie eines Kritikers nicht mehr sein will als eine Art Arbeitshypothese, die ihm seine tägliche Praxis erleichtern soll, oder sich, was ungleich häufiger geschieht, nur als eine dieser Praxis nachgelieferte Rechtfertigung erweist – auf jeden Fall leistet sich, wer es in der Zunft zu etwas gebracht hat, eine eigene Konzeption.

Der eigenwilligste Kritiker, den Deutschland seit den Tagen der Romantik hatte, Alfred Kerr, ließ sich nicht lumpen: In seinem 1904 publizierten Glaubensbekenntnis beantwortete er die Frage, warum man Rezensionen schreibe, mit provozierender Klarheit und Entschiedenheit: »Nicht um des Publikums willen noch um des Rezensierten willen.« Warum also? »Um des Rezensenten willen.« Der wahre Kritiker bleibe, so Kerr, »ein Dichter: ein Gestalter«, die Kritik sei »als eine Dichtungsart anzusehen«, sie habe ein Kunstwerk zu sein: »Man betrachtet Dichter, wie ein Dichter Menschen betrachtet.«[1]

Kerrs Gegenspieler, Herbert Ihering, verstand seine Aufgabe natürlich ganz anders. Er wollte vor allem ein »Mitarbeiter« des Theaters sein, er hielt es für seine wichtigste Pflicht, das Theater »auf seine Entwicklungsmöglichkeiten hin zu prüfen«. Die Kritik müsse, verkündete er immer wieder, zumal in einer größeren Abhandlung von 1928, die »Autorität des gleichgesetzten Mitkämpfers« des Theaters gewinnen. Er habe sich stets bemüht, bekannte er, »die Kritik in die Arbeit des Theaters selbst mit einzubauen«.[2] Folgerichtig postulierte er: »Die Kritik gehört zu den Theaterleuten.«[3]

War Alfred Kerr ein Repräsentant der Poesie in den Reihen der Kritik, ein Künstler also in der Rolle des Kunstrichters, so Herbert Ihering ein schreibender Exponent des Theaters, gleichsam dessen Agent in der Öffentlichkeit. Aber diese beiden Gegenspieler und Antipoden hatten mehr miteinander gemein, als auf den ersten Blick scheinen will. Beide liebten sie die Welt der Bühne leidenschaftlich. Und doch behandelten sie beide den Premierenabend, über den sie schrieben, vor allem als Anlaß und Vorwand – Kerr für seine Dichtung, Ihering für seine Theaterpolitik.

Friedrich Luft hat seinen Vorgängern viel zu verdanken. Dennoch ist seine Kritik, entstanden in einer anderen Zeit und unter anderen Vorzeichen, nur bedingt und nur in Grenzen mit der ihrigen vergleichbar. Von Anfang an ging er einen eigenen Weg. Nie schrieb er Kritiken um ihrer selbst willen, nie kam es ihm in den Sinn, in der Kritik eine Dichtungsart, eine selbständige literarische Gattung zu sehen. Ausdrücklich erklärte er: Der Kritiker »kann nur tätig werden, wenn die anderen tätig geworden sind … Der Kritiker lebt aus zweiter Hand.«[4] Damit hatte Luft, im eindeutigen Gegensatz zu Kerr, für die dienende Funktion der Theaterkritik plädiert.

Anders als Ihering hält er es keineswegs für seine Aufgabe, an den Produktionen des Theaters mitzuarbeiten. Nicht als Sprecher des Theaters versteht er sich, er schreibt weder *ex domo* noch *pro domo*. Die Kritik, wie er sie anstrebt und übt, soll keineswegs ein Faktor des Theaters sein, etwa dessen publizistische Komponente, sondern eine Instanz außerhalb des Theaters – unabhängig in jeder Hinsicht, also auch von den Theaterleuten.

Ihering wollte den Regisseur und die Schauspieler belehren und überzeugen, er hoffte, sie würden aus seiner Kritik für ihre nächsten Inszenierungen und Rollen Nutzen ziehen. Luft will ebenfalls belehren und erziehen, jeder Kritiker ist auch ein Pädagoge. Aber ob die Intendanten und Dramaturgen, die Regisseure und Schauspieler aus seinen Rezensionen etwas lernen können, ist für Luft im Grunde eine nebensächliche Frage, nicht darauf kommt es ihm an. Denn nicht für die Leute vom Bau ist seine Kritik bestimmt und auch nicht für die Kollegen Theaterkritiker. Für wen schreibt er also? Er schreibt für das Publikum.

Daraus ergibt sich das entscheidende Element der Kritik Friedrich Lufts. Als er im Februar 1946 im RIAS sein wöchentlichen Theaterbesprechungen ankündigte, sagte er sogleich, was er vor allem zu geben beabsichtige – nämlich »Rapport und Bericht«. Der Kritiker sei vorerst, bemerkte er an anderer Stelle, »Reporter, ein spezialisierter Reporter und Zeitungsmann«.[5] Lufts Rezensionen sind – um ein Wort Kerrs zu verwenden – »Quittungen für Erlebtes«.[6]

Das aber bedeutet: Er analysiert nicht jene mutmaßlichen Entwicklungsfaktoren des Theaters, an denen Ihering so brennend interessiert war, sondern die Realität der Bühne. Er meditiert nicht über die Intentionen des Regisseurs und der Schauspieler, vielmehr stellt er die tatsächlichen Resultate ihrer Arbeit dar. Er spricht nicht von dem Theater, das sein könnte oder sollte, also nicht von dessen möglicher Zukunft, sondern von dessen Gegenwart.

Die Sprache seiner Kritik hat mit deren Adressaten zu tun. Luft möchte eine denkbar breite Öffentlichkeit erreichen: Auch die Schreiner und Gemüsehändler, die von der Volksbühnenorganisation in den Zuschauerraum geschickt werden, sollen ihn verstehen. So nimmt er ein in Deutschland außergewöhnlich großes Risiko in Kauf: Er schreibt klar. In »Wilhelm Meisters Wanderjahren« heißt es: »Wenn man dem Menschen gleich und immer sagt, worauf alles ankommt, so denkt er, es sei nichts dahinter.« Daher habe das Geheimnis »sehr große Vorteile«.[7] Luft folgt dem ironischen Ratschlag Goethes nicht: Er sagt den Lesern gleich und immer, worauf alles ankommt.

Da hat Luft die deutsche Erstaufführung einer Komödie gesehen; er lehnt sie ab. Doch kann man ihm wahrlich nicht vorwerfen, er habe sein Urteil in umständlich-vernebelnden Sätzen versteckt. Denn seine Kritik beginnt: »Ein miserables Stück. Eine hundsmiserable Aufführung. Ein degoutanter Theaterabend.«[8] Es ging, immerhin um das Produkt eines weltberühmten Autors: Ilja Ehrenburgs. Aber auch mit Ausdrücken höchster Anerkennung geizt Luft nicht. Die ersten Worte seiner Besprechung des »Hofmeisters« von Lenz in der Fassung von Brecht, gespielt 1950 in Ost-Berlin, lauten: »Das ist vollendet.«[9]

Um verstanden zu werden, hat Luft – wie vor ihm Fontane, Döblin oder Tucholsky – dem Berliner Volk aufs Maul geschaut. Seine Diktion, von der Berliner Mundart geprägt, ist betont salopp und gleichwohl exakt, sie ist schnoddrig und witzig und verbirgt dennoch nie den Ernst der Sache und die Teilnahme des Schreibers. Anders als jene Theoretiker, die der Sinnlichkeit der Bühne mit barer Abstraktion gerecht werden wollen und deren Artikel meist an den Staub der Archive denken lassen, kritisiert Luft konkret und lebensnah, er schreibt anschaulich, zupackend und griffig.

Waren einst bei Kerr vielleicht gar zu viele Pointen und bei Ihering eher zu wenige, so fällt auf, mit welcher Sicherheit Luft das Gleichgewicht von Argument und Pointe zu halten vermag. Er weiß Pointen zu verwenden, die sich als Argumente erweisen, und Argumente so zu formulieren, daß sie zu Pointen werden. Seine Kritiken sind amüsante Plädoyers und militante Feuilletons in einem. Als Friedrich Dürrenmatt in seiner Komödie »Der Meteor« einen deutschen Starkritiker karikieren wollte, parodierte er mit respektvollem Humor den Stil Friedrich Lufts – und das ist durchaus verständlich. Denn welchen Theaterkritiker unserer Jahre hätte er sonst parodieren können? Luft ist im ganzen Zeitraum seit 1945 der einzige, der über eine eigene, eine unverwechselbare Sprache verfügt. Ihr verdankt er, was ihm viele Kollegen nicht verzeihen wollen: seine große Popularität in beiden Teilen der Stadt Berlin, in beiden deutschen Staaten.

Ausführlichkeit allerdings ist seine Sache nicht. Auch er bewundert, wie wir alle, Fontanes behaglich-nachdenkliche Rezensionen, seine souveränen Betrachtungen über das Theater. Aber das Gemächliche entspricht nicht dem Naturell Lufts. Seine Prosa hat Tempo, hat einen hämmernden, vorwärtsdrängenden Rhythmus. Im Unterschied zu jenen gelehrten Theaterkritikern, die ihre Ansichten, wie es einst Tacitus forderte, *sine ira et studio* formulieren, folgt Luft dem Berliner Historiker Sybel, der meinte, man müsse *cum ira et studio*, also mit Zorn und mit Vorliebe, schreiben. Seine Kritik lebt von temperamentvoller Besonnenheit, von leidenschaftlicher Nüchternheit, von der Verbindung eines erregten Engagements mit engagierter Sachlichkeit.

Wie der Major a. D. Dubslav von Stechlin meint auch Luft: »Unanfechtbare Wahrheiten gibt es überhaupt nicht, und wenn es welche gibt, so sind sie langweilig.« Und wie der Autor des »Stechlin« glaubt auch er an die Vernunft, an jenen gesunden Menschenverstand, den man in Deutschland so gern als etwas Braves und Hausbackenes abtut und daher den Kritikern oft eher anlastet als nachrühmt. So fragt Luft unermüdlich nach der weltlichen Verwertbarkeit dessen, was das Theater bietet, nach seinem »aktuellen Nutzwert«. Doch gerät er nie in die Gefahr, das Ästhetische zu vernachlässigen.

Löbliche Anschauungen werden von ihm auf die jeweils angemessene Weise registriert, aber einen Rabatt für gute Gesinnung, einen ermäßigten Tarif für Stücke mit willkommenen

Gedanken und Motiven gewährt er nicht. Im September 1945, knapp vier Monate nach der Kapitulation, wird inmitten der Ruinen von Berlin wieder Theater gemacht. Man spielt Julius Hays Tragödie »Gerichtstag«, ein höchst aktuelles Zeitstück über die Schuld der Deutschen, geschrieben von einem emigrierten Antifaschisten. Luft äußert sich respektvoll, doch nichts liegt ihm ferner, als die Schwächen des Stücks etwa zu vertuschen: »Daß es eine hastige Arbeit ist, merkt man nicht nur streckenweise der Diktion, sondern auch der Handlungsführung an ... Da tönt verdächtig oft noch der Leitartikel auf, nicht das blutige Leben selber.«[10]

Häufig erinnert Luft an die zeitkritischen, die gesellschaftlichen und pädagogischen Pflichten des Theaters. Aber schon in der ersten Nachkriegszeit warnt er vor jenen, die das Theater in ein Erziehungsinstitut umfunktionieren möchten. Im April 1946 schreibt er aus Anlaß einer Neuaufführung des »Liliom« von Franz Molnar: »Das Theater ist moralische Anstalt. Heute mehr denn je. Aber vergeßt nicht, daß es auch ein Ort redlichen Vergnügens ist, des Lachens, des Seufzens, des Weinens. Und ein solcher Ort reinsten Theaters war das Hebbel-Theater mit diesem Liliom ... Ich habe mich – gebe ich offen zu – amüsiert wie Bolle, um im Jargon zu bleiben. Ich habe gelacht. Und ein paarmal, auch das gebe ich zu, drang mir die Feuchtigkeit unter die Brille.«[11]

Das neue deutsche Drama findet in Luft einen ebenso liebevoll-freundlichen wie unbestechlichen Beobachter. Als 1963 Rolf Hochhuths »Stellvertreter« in Berlin uraufgeführt wurde, erkannte Luft auf Anhieb die eminenten Vorzüge und die eminenten Schwächen dieses »christlichen Trauerspiels«. Als 1964, ebenfalls in Berlin, der Triumphzug eines Bühnenwerks begann, das sehr bald in allen fünf Erdteilen gespielt wurde und in vielen Ländern immer noch gespielt wird – ich meine »Die Verfolgung und Ermordung des Jean Paul Marat« von Peter Weiss –, da traf es bei der deutschen Theaterkritik auf eine sehr unterschiedliche Resonanz. Ein prominenter Kritiker meinte damals im »Spiegel«, das Stück biete bloß »Schulfunk« und »Nachhilfe-Unterricht«, es sei das »womöglich schwächste Werk« von Peter Weiss.[12] Friedrich Luft hingegen rühmte Stück und Autor und sprach von einem »Geniestreich«, von einem »Ereignis für das Theater unserer Epoche«.[13] Heute wissen wir, daß Luft sich nicht geirrt hat.

Zugleich vermag er dem Sog des Modischen zu widerstehen. Er hat eine Lanze für Beckett gebrochen. Aber die maßlose Überschätzung dieses Autors, den man hierzulande konsequent mit Tiefsinn aufzupumpen versuchte, hat Luft nicht mitgemacht. Im Gegenteil, schon 1959 konstatierte er aus Anlaß des Stückes »Das letzte Band«: »Beckett schockt nicht mehr wie einst. Die Hartnäckigkeit, mit der er den Nullpunkt anpeilt, hat für uns, beinahe hätte ich gesagt: schon etwas Gemütliches bekommen ... Man amüsiert sich großartig bei Beckett.«[14]

Die knappen und kräftigen, die unabhängigen und unmißverständlichen Urteile Lufts haben ihm bei manchem seiner Kollegen den Ruf eines Vereinfachers und Übertreibers eingebracht. Aber sollte das vielleicht gar zutreffen, daß er vereinfacht und übertreibt? Ja, es trifft zu. Wer wahr sein will – lehrt Karl Jaspers –, »muß die Dinge auf die Spitze treiben, oder auf des Messers Schneide bringen, damit sie ... wirklich entschieden werden«.[15] Luft hat sich nie gescheut, zu vereinfachen, zu übertreiben und zu überspitzen – und gerade damit blieb und bleibt er der Tradition der deutschen Kritik, nicht nur der Theaterkritik, treu.

Börne und Fontane, Kerr und Ihering, Polgar und Tucholsky – sie alle hatten den Mut zu der simplifizierenden Formulierung, die die Dinge auf des Messers Schneide bringt. Ja, schon die großen deutschen Romantiker, bei denen wir Kritiker immer wieder in die Schule gehen sollten, haben bewußt vereinfacht und übertrieben. Und einer von ihnen hat es kurz begründet. Bei Novalis heißt es: »Formeln für Kunstindividuen finden, durch die sie im eigentlichen Sinn erst verstanden werden, macht das Geschäft des artistischen Kritikers aus ...«[16] So faßt auch Luft das Geschäft des Kritikers auf: Er liefert dem Theaterbesucher die Vokabeln und Formeln, die ihm das, was sich auf der Bühne abgespielt hat, begreiflich machen. Berichtend und richtend, deutend und verdeutlichend wurde er ein großer Lehrmeister des Publikums.

Doch dieser Lehrmeister, dieser Profi des kritischen Gewerbes ist insgeheim und glücklicherweise ein Amateur geblieben. Das soll heißen: Allem, was Luft geschrieben hat und schreibt, merkt man an, daß sein Beruf aus einem Hobby, aus einer Passion hervorgegangen ist. Er selber sagt es klipp und klar: »Kritik ist eine gehobene Liebhaberei.«[17] Und damit wäre wohl auch angedeutet, woher er die Kraft und die Ausdauer nimmt, jahrzehntelang seinen Dienst, diesen strammen Parkettdienst, pünktlich und gewissenhaft zu versehen und uns unermüdlich mit seinen spontanen, seinen unverwechselbaren Quittungen für Erlebtes zu beliefern – wo also die Wurzeln der imponierenden Kontinuität seiner Arbeit zu suchen sind.

Friedrich Luft hat einmal, auf den ersten Korintherbrief anspielend, eher beiläufig bemerkt: »Und wäre nichts, hätte er der Liebe nicht! Nur der Liebende darf rügen.«[18]

(1978)

HILDE SPIEL
ODER IN DEN LÜFTEN EUROPAS

Leicht macht es uns die Autorin Hilde Spiel bestimmt nicht. Wer nämlich die doch notwendige Frage beantworten möchte, was sie denn eigentlich sei, und wer sich mit so allgemeinen Bezeichnungen wie »Schriftstellerin« oder »Journalistin« nicht begnügt, der gerät bald in Verlegenheit. Ist sie Kritikerin, Feuilletonistin, Übersetzerin, Reporterin, Essayistin, Erzählerin, Filmautorin, Historikerin? Jede dieser Vokabeln hat ihre Berechtigung; aber sie reichen nicht aus – weder einzeln noch alle zusammen. Nur fragt sich, ob unsere Ratlosigkeit gegen oder vielleicht für Hilde Spiel spricht. Im Vorwort zu ihrem (soeben erschienenen) Prosaband »In meinem Garten schlendernd« beteuert sie mit treuherzigem Augenaufschlag, diese Auswahl sei »nicht allzu umfangreich und keineswegs anspruchsvoll. Was sie enthält, will wahrhaftig nicht ›belehren‹, nur manches ›beleuchten‹. Probleme, Konflikte, Doktrinen werden lediglich berührt, nicht durchdacht oder gar zu Ende gedacht.« Unter uns: Hiervon stimmt kein einziges Wort. Ja, selten hat Hilde Spiel in wenigen Zeilen soviel Falsches untergebracht. Was immer sie schreibt, ob Glossen oder Abhandlungen, ob Romane oder historische und biographische Schriften, sie hält es für ihre selbstverständliche Pflicht, den Sachverhalt, um den es geht, möglichst genau, doch ohne großes Aufheben zu referieren und ihren Lesern die erforderlichen Auskünfte zu erteilen. Aber indem sie referiert und informiert, belehrt sie uns zugleich. Diese Berichterstatterin ist stets auch eine Pädagogin, eine unaufdringliche und geradezu diskrete Erzieherin, die es nicht nötig hat, mit erhobenem Finger zu sprechen.

Doch wen will sie denn erziehen? Wie alle Essayisten und Feuilletonisten, wie alle guten Kritiker schreibt auch Hilde Spiel nicht für ihre Zunft, sondern für das Publikum, nicht für ihre Kollegen, sondern für die Leser. Das Fundament ihres Werks ist eine vielseitige, eine enorme Bildung. Aber dafür wollen wir sie gar nicht loben. Daß ein Pianist alle Klaviersonaten Beethovens und vielleicht noch das Gesamtwerk Chopins auswendig spielen kann, besagt noch nicht viel. Es kommt doch darauf an, *wie* er das alles spielt. So gibt es die Bildung in unserem Gewerbe sozusagen gratis. Entscheidend bleibt, welchen Gebrauch man von seinem Wissen macht. Wenn Hilde Spiel behauptet, in ihren Arbeiten würden Probleme und Doktrinen nicht durchdacht oder gar zu Ende gedacht, sondern nur berührt – so ist das eher kokett als richtig. Gewiß, sie werden meist nur berührt, oft nur mit wenigen Worten oder in kurzen Abschnitten skizziert, aber diese Knappheit und Leichtigkeit der Darstellung kann sie sich leisten, weil sie die behandelten Fragen sehr wohl durchdacht und eben auch zu Ende gedacht hat.

Nichts liegt ihr ferner, als mit ihrer Bildung aufzutrumpfen. Sie hütet sich, ihre Leser einzuschüchtern, und sie ist zu taktvoll, um sie zu beschämen. Ihre Arbeiten sind prägnant und präzis, doch nie pedantisch. Ihr Stil ist anmutig und anschaulich und nie anämisch. Viele ihrer Sätze bieten ungleich mehr als auf den ersten Blick erkennbar. Denn sie liebt den beiläufigen Verweis, die gelegentliche Bemerkung, den Wink mit dem Augenzwinkern – und hat es darin zu wahrer Meisterschaft gebracht: Das Interessanteste und Originellste findet sich in vielen ihrer Essays und Kritiken nicht in den Darlegungen, sondern in den Andeutungen, nicht in den Behauptungen, sondern in den Mutmaßungen. Und da sie wie nur wenige in unseren Tagen die Kunst beherrscht, schwierige Zusammenhänge und Gedanken über komplizierte ästhetische, historische und auch philosophische Phänomene in entspannter Prosa einsichtig und durchsichtig zu machen, da es ihr immer wieder gelingt, sogar über trockene Gegenstände anregend, ja beschwingt zu schreiben, sind wir gern bereit, uns von ihr unterrichten zu lassen und ihr zu folgen.

Ein Mißverständnis allerdings muß sie in Kauf nehmen: Hilde Spiels Aufsätze, die sich anspruchslos und unwissenschaftlich geben, sind in Wirklichkeit anspruchsvoll und können einer wissenschaftlichen Überprüfung sehr wohl standhalten. Da jedoch ihre Lektüre keiner Mühe bedarf, meinen manche, sie seien auch ohne Mühe entstanden. Das Gegenteil ist der Fall: Sie gehört zu jenen nicht sehr zahlreichen Essayisten deutscher Zunge, die sich fortwährend anstrengen, damit sich die Leser nicht anzustrengen brauchen.

Dieser ehrenwerten Bemühung verdankt Hilde Spiel ein großes Publikum. Aber damit hat auch eine gewisse, höchst bedauerliche Fehleinschätzung ihrer Arbeit zu tun. Es ist bezeichnend für die Misere unseres literarischen Lebens, daß man mit dem Erfolg und der Popularität eines Kritikers, eines Essayisten oft und gern die Minderwertigkeit oder zumindest die Fragwürdigkeit seiner Leistung beweisen möchte. Der Vorwurf, der gegen einen solchen Kritiker erhoben wird (und zwar meist von seinen weniger einflußreichen Kollegen), lautet dann: Er wird viel gelesen, weil er nur artikuliert, was das Publikum ohnehin denkt, und weil er sich überdies so ausdrückt, daß ihn jedermann gleich versteht – und das ist offenbar eine Erzsünde.

Da jedoch, wo immer noch der Befund Nietzsches gilt, daß viele Schriftsteller ihre Gewässer trüben, damit sie tief scheinen, da, wo der Satz Schopenhauers »Und doch ist nichts leichter, als so zu schreiben, daß kein Mensch es versteht«[1] seine Aktualität nicht einbüßen will – in Deutschland also ist eine Autorin wie Hilde Spiel ein wahres Labsal. Denn auf sie treffen die Worte zu, mit denen sie einst Egon Friedell charakterisierte: »Egon Friedell schrieb für den gebildeten Leser, doch jeder versteht ihn, der den Willen dazu hat. Dies rührt daher, daß er niemals über den Kopf des Lesers hinwegsieht, sondern in Augenhöhe zu ihm redet – freilich in seiner eigenen, die beträchtlich war.«[2] Ähnlich wie Friedell vermag Hilde Spiel, indem sie uns belehrt, uns auch noch zu unterhalten – und dies hat man ihr hier und da ebenfalls verübelt. Sie versteht sich auf die unnachahmliche, auf die bewundernswerte österreichische Kunst, die Einsicht in die Bitterkeit und in die Vergänglichkeit des Daseins auf charmante Weise und in bestrickend freundlicher Form zu bieten und noch aus dem Lebensüberdruß kleine Meisterwerke der Liebenswürdigkeit zu schaffen.

Ihre Berichte gehen unmerklich in Geschichten und bisweilen in Anekdoten über, aber in ihren scheinbar unbeschwerten Geschichten und Anekdoten verbergen sich immer auch nüchterne Auseinandersetzungen mit der Epoche, mit der jeweils behandelten Zeit. Was als Feuilleton beginnt, erweist sich oft als Essay. Und was essayistisch anhebt, hat gleichwohl die Leichtigkeit des vorbildlichen Feuilletons. Ihre Gedichte, Nebenarbeiten allesamt, sind eher Skizzen in Versen, aber ihre schönsten Skizzen gleichen Gedichten in Prosa. In ihrer Publizistik spüren wir das Temperament einer Erzählerin, und in ihren Erzählungen und Romanen ist das Engagement der Journalistin so offenkundig wie die Intellektualität der Essayistin.

Dieses Zusammenspiel ästhetischer und gesellschaftlicher, historischer und kulturgeschichtlicher Kategorien und Kriterien, die in Hilde Spiels Schriften zu einer fugenlosen, zu einer ganz natürlichen Einheit zusammenfinden, hat freilich mit zwei Faktoren zu tun, die in allem, was sie veröffentlicht, zum Vorschein kommen – mit Liebe und mit dem Geist der Kritik. Das aber sind Elemente, die sich nicht nur gut miteinander vertragen, die sich vielmehr erst gegenseitig ermöglichen und bedingen. Hilde Spiels Kritik der Literatur, des Theaters, der bildenden Künste, der Gesellschaft, ja des Lebens schlechthin resultiert immer aus der Liebe zur Sache – auch und erst recht da, wo sie ablehnt oder verwirft. Und ihre Liebe zur Sache ist nie unkritisch – auch da nicht, wo sie rühmt und preist.

Ein glänzendes Beispiel dieser liebevollen Kritik und dieser kritischen Sympathie und zugleich der Fähigkeit Hilde Spiels,

Historisches auf anmutige Weise lebendig werden zu lassen, ist das Buch, das als ihr Hauptwerk gelten kann: die Biographie der Franziska Itzig aus Berlin, die als Fanny von Arnstein offenbar ganz Wien faszinierte, die Geschichte also der »skandalösen Preußin« und »schönen Hebräerin«, der deutschen Jüdin, die in Österreich triumphierte und die doch nicht aufhören konnte, Preußen zu lieben. Was in diesem so reichhaltigen Buch vor uns ausgebreitet wird, ist ungleich mehr als der Lebensweg einer außerordentlichen Frau, die hier zum Sinnbild der Emanzipation der Juden erhoben wird – es ist ein Stück österreichischer, jüdischer und preußischer und schließlich europäischer Geschichte und Kulturgeschichte. Dem vielgerühmten Werk Ricarda Huchs über den Dreißigjährigen Krieg steht die Monographie über Fanny von Arnstein keineswegs nach – und auch dieses Buch stammt, ähnlich wie jenes der Ricarda Huch, aus der Feder ebenso einer Chronistin wie einer Erzählerin.

Als Erzählerin bewährt sich Hilde Spiel vor allem in der Darstellung von signifikanten Alltäglichkeiten, sei es aus der Vergangenheit, sei es aus der Gegenwart. Ihren Romanen mag man viel vorwerfen, doch den Sinn für vielsagende Details wird ihnen niemand absprechen können. In ihrem zuerst in englischer Sprache geschriebenen und 1961 in London veröffentlichten Roman »Lisas Zimmer«, der erst später, 1965, in deutscher Fassung erschienen ist, findet sich eine Stelle, die diese Detailkunst Hilde Spiels gut belegt. Die unheroische Heldin dieses Romans ist kurz nach dem Zweiten Weltkrieg in Rom, wo sie irgendwelcher Verfehlungen wegen von einem freundlichen amerikanischen Offizier vernommen wird. Er bietet ihr eine Zigarette an: »Während ich mich bediente, blickte ich auf das Paket. Es waren Pall Mall. Auf dem roten Glanzpapier sah ich ein Wappen und die Worte IN HOC SIGNO VINCES. Es lag etwas so Kühnes, so Hochfahrendes, so unendlich Schamloses und dennoch Entwaffnendes in der Idee, ein Zigarettenpaket mit diesen heiligen Worten des Abendlandes zu bedrucken, den

Worten der Vision des Kaisers Konstantin, daß ich mich geschlagen gab. Hier kam die Neue Welt und trampelte auf dem
erhabenen Erbe der alten mit einer blauäugigen Unschuld
herum, der ich nicht widerstehen konnte.«

Anders als die Heldin dieses Romans kann seine Autorin
sehr wohl widerstehen, sie gibt sich nicht geschlagen. In einer
Zeit, in der die Kontinuität der geistigen Leistungen eher
schwach ist und das Band, das uns mit der Vergangenheit
verbindet, oft abzureißen droht, wird Hilde Spiel zur unermüd-
lichen Sachwalterin der kulturellen Überlieferung, die sie interpretiert und also vermittelt, die sie kritisiert und also am Leben
erhält. Ja, sie beschäftigt sich immer wieder mit der Tradition,
sie ist mit ihr im Bunde. Aber Hilde Spiels Rückgriff auf das
Vergangene hat stets mit unserer unmittelbaren Gegenwart zu
tun und bezieht von ihr seine Rechtfertigung. So wäre wohl
ohne Auschwitz das Buch über Fanny von Arnstein kaum
entstanden. Die Arbeiten über Moses Mendelssohn und andere
Aufklärer, über William Blake und Lord Byron, über Katherine
Mansfield und Virginia Woolf und natürlich auch über viele
Österreicher, zumal über Hofmannsthal und Schnitzler, beweisen, daß Hilde Spiels Verhältnis zur Tradition nicht etwa von
einer Art Bequemlichkeit herrührt und nichts mit geistiger
Trägheit zu tun hat.

Sie gehört also nicht zu jenen, die das Vergangene genießen
und rühmen, weil sie der heutigen Literatur oder Musik oder
Malerei ausweichen möchten, weil sie das oft Schwierige und
eben Unbequeme fürchten und sich vom Leibe halten wollen.
Sie weiß sehr wohl, worauf es immer wieder ankommt –
nämlich im Alten das Moderne zu entdecken und im angeblich
Modernen das Antiquierte zu entlarven. Hilde Spiels Liebe zur
Tradition hängt mit einem zentralen Erlebnis ihrer Jugend
zusammen: Auch sie stand im Banne jenes genialen österreichischen Dichters, der ein unvergleichlicher Mittler zwischen den
Kulturen vieler Epochen und auch vieler Länder war.

Natürlich spreche ich von Hugo von Hofmannsthal. Und

wenn es hier in Wien einen Verein zur Abwehr der Überschätzung Hofmannsthals gibt – übrigens bin ich ganz ohne Verdienst und gegen meinen Willen zum Ehrenmitglied dieser
Organisation ernannt worden –, so kann mich auch dies nicht
hindern, einen anderen Verein zu gründen, nämlich zur Abwehr der Unterschätzung Hans Weigels. Die Schule Hofmannsthals ist den Schriften Hilde Spiels oft anzumerken. Die
so offenkundige Freude am Wohlklang und an der Musikalität
der Sprache, das Verlangen nach Grazie und Schönheit, die
Sehnsucht, ja die Begierde nach Stil – das alles kommt von dem
großen Ahnherrn.

Doch wie stark der Einfluß Hofmannsthals auch gewesen
sein mag, sicher ist, daß die geistigen Wurzeln unserer Jubilarin
zugleich und in vielleicht noch höherem Maße in einer erheblich früheren Epoche zu suchen sind. Erst kürzlich hat sich
Hilde Spiel nachdrücklich und rückhaltlos zur Aufklärung
bekannt und gegen den neuen Irrationalismus gewandt. Von
dort kommt ihr Vertrauen zur ethischen Macht des Logos, ihr
Glaube an die moralische Wirkung der Vernunft – und das sind
Kategorien, auf die man in den deutschsprachigen Ländern in
der Regel nicht gut zu sprechen ist.

So hartnäckig die Vorliebe für das Irrationale, das Dunkle
und Geheimnisvolle – eine Vorliebe übrigens, von der nicht nur
die Verse Paul Celans und die Prosastücke Günter Eichs profi-
tieren, sondern auch die Dramen Becketts und sogar die Parabeln Kafkas –, so unverwüstlich ist seit den Tagen der Romantik die mehr oder weniger leise, doch stets unverkennbare
Verachtung dessen, was man mit überlegenem Lächeln den
»gesunden Menschenverstand« nennt. Wer ihn heute einem
Kritiker, einem Essayisten bescheinigt oder, richtiger gesagt,
anlastet, will damit – und nichts kompromittiert unser literarisches Leben mehr als dies – seine angeblich engen, braven und
hausbackenen Dimensionen denunzieren.

Hilde Spiel hat sich von dem Geschwätz der Irrationalisten
nie beirren lassen. Aber eben weil sie eine Anhängerin der

Vernunft und des gesunden Menschenverstandes ist, ließ sie sich nie zum Werkzeug einer Ideologie oder Schule degradieren. Auch ihr kann man jene »verantwortungsvolle Ungebundenheit« nachrühmen, die einst Thomas Mann Fontane, ebenfalls einem entschiedenen Anhänger des gesunden Menschenverstands, bescheinigt hat. Auch Hilde Spiel mißtraut den unanfechtbaren Wahrheiten. Daher ist der Ort ihrer Essays zwischen Wissen und Zweifel zu suchen: Sie verbinden die Einsicht in das Wesen der Phänomene mit dem Bewußtsein der Fragwürdigkeit eben dieser Einsichten.

Damit mag es zusammenhängen, daß Hilde Spiel meist dicht am Gegenstand ihrer Betrachtung bleibt und sich hütet, den Boden der Realien zu verlassen. Sie hat eine Schwäche für das Konkrete und Überprüfbare. Sie schreibt mit der notwendigen Objektivität und mit der zulässigen Subjektivität. So gelingt es ihr, das Individuelle mit dem Allgemeinen zu verknüpfen und das eine im anderen sichtbar zu machen. Ihr Tagebuch »Rückkehr nach Wien« ist eine persönliche Konfession und zugleich eine zeitgeschichtliche Dokumentation. In diesem 1969 erschienenen Buch gesteht Hilde Spiel: »Ich muß befürchten, daß mein Schwerpunkt irgendwo in den Lüften Europas liegt, in einer schwebenden Wolke über England, Österreich, Italien, Frankreich, abwechselnd angezogen und abgestoßen, ohne an diesem oder jenem Ort niederzugehen.« An einer anderen Stelle bezeichnet sie sich als »eine Europäerin auf der steten Suche nach der verbindenden Erläuterung, dem einenden Wort.«

Wer sich so ostentativ zu Europa bekennt, der tut es in der Regel nicht ganz freiwillig. Hilde Spiel hat über ein Vierteljahrhundert in London gelebt und dankbar auf den großen Einfluß verwiesen, den englischer Geist und englischer Lebensstil auf ihre Entwicklung und ihre Mentalität ausgeübt haben. Nicht jedem ist es gegeben, zwei Kulturen so gründlich kennenzulernen und von beiden das jeweils Beste für sich zu nehmen und zu adaptieren. Ob freilich der so Beschenkte beneidenswert ist, sei dahingestellt. Martin Walser sagte unlängst, Heine habe es in

seinem Leben zu zwei Identitäten gebracht, zu der eines deutschen Dichters und zu der eines Juden. Aber – fügte Walser
hinzu – »zwei Identitäten, das ist weniger als eine«.[3] So hat
auch, wer sich auf mehr als auf *eine* Heimat berufen kann, im
Grunde weniger als *eine* Heimat.

Heine erzählt, das Volk habe auf Dante, als er durch die
Straßen von Verona ging, mit Fingern gezeigt und geflüstert:
»Der war in der Hölle«. Hätte er denn sonst – meinte das Volk
– die Qualen der Menschen in der Hölle so genau schildern
können? Ja, sagt Heine, Dante war wirklich in der Hölle
gewesen, denn »er war im Exil«.[4] Hilde Spiel geht nicht so weit
wie Heine: Sie nennt das Exil nicht eine Hölle, sondern eine
Krankheit, die freilich Spuren für immer hinterlasse.

Wir wissen es längst: Wer einmal aus seinem Land oder aus
dem Land, das er für das seine hielt, vertrieben wurde, dem fällt
es schwer, mit ihm je wieder Frieden zu schließen. In Hilde
Spiels Aufsätzen ist bisweilen die Rede von dem Fremdling, der
»Gast im Lande seiner Geburt ist«.[5] Sie bekennt sich nahezu
euphorisch zu Österreich, zu der Stadt Wien, zur Landschaft,
zur österreichischen Musik und Literatur, aber mit den Menschen in Österreich könne sie sich »nicht immer und unter allen
Umständen« eins fühlen. Gewiß, einige Menschen nennt sie
dann doch: Allerdings sind es Figuren von Schnitzler und
Hofmannsthal, von Doderer und Lernet-Holenia.

Eben weil Hilde Spiel meint, »daß die Kluft zwischen den
Daheimgebliebenen und den Ausgewanderten sich nie wieder
völlig schließt«[6], und da sie sich dessen bewußt ist, daß es
letztlich wahnsinnige Vorurteile waren, die zu den größten
Katastrophen unseres Jahrhunderts führten, gilt ein nicht gerin-
ger Teil ihrer Arbeit dem Kampf gegen gedankliche Verkru-
stungen und nationale Klischees. Mit sanfter Hartnäckigkeit
bemüht sie sich seit mindestens zwanzig Jahren, das Bild, das in
anderen Ländern, zumal in Deutschland, von österreichischer
Lebensart und Geisteshaltung existiert, zu vervollständigen, zu
korrigieren und von jenen erstarrten Vorstellungen zu befreien,

die von Generation zu Generation unbedenklich weitergereicht
werden. Ihr Buch »Wien – Spektrum einer Stadt« gehört in
diesen Zusammenhang. Das verschüttete und verkannte Wesen
Österreichs – niemand hat es in der Zeit nach dem Zweiten
Weltkrieg gerechter und liebevoller und vor allem anschauli-
cher gezeigt als Hilde Spiel.

Bedenkt man dies alles, dann erscheint es doch etwas ver-
wunderlich, daß man unsere Jubilarin zwar mehrfach hierzulande ausgezeichnet hat, doch nie mit einem der hohen österreichischen Preise. Aber man sollte dergleichen nicht leichtfertig mißverstehen. Als Gerhart Hauptmann im Jahre 1905 der
Ehrendoktor der Universität Oxford verliehen wurde, sagte
Bernard Shaw in einer Tischrede:»Ich bewundere Deutschland
sehr. Es ist ein großes Land. Und wie alle großen Länder ist es
auch bescheiden. Es überläßt gern die Ehrung seiner bedeutenden Persönlichkeiten dem Ausland.«[7] Auch Österreich ist ein
bewundernswertes und, wie wir sehen, bescheidenes Land.

Doch vielleicht hielt man eine besondere Auszeichnung
Hilde Spiels schon deshalb für entbehrlich, weil ihr Ruf ohnehin längst gefestigt ist und die Grenzen dieses Landes über-
schritten hat: Erst vor wenigen Tagen nannte die »Neue Zürcher Zeitung« unsere Jubilarin die »Grande Dame der österreichischen Literatur«. Dies indes war nur ein Understatement:
Denn mittlerweile ist sie die »Grande Dame der deutschsprachigen Literatur«.

Aber ihr Lebenswerk geht weit über das Literarische hinaus.
Wie könnte man es mit einem einzigen Begriff definieren? Eine
berühmte Äußerung Friedrich Schlegels über Lessing abwandelnd, darf ich sagen: Alles, was Hilde Spiel getan, gebildet,
versucht und gewollt hat, läßt sich am füglichsten unter den
Begriff der Kultur zusammenfassen.[8] Ja, alles, was sie geschrieben hat, ist Kritik und Verteidigung der Kultur und ist schließlich und vor allem Beschwörung der Kultur.   (1981)

HEINRICH BÖLL
ODER MEHR ALS EIN DICHTER

I

Der Erfolg weckt den Zweifel, der Ruhm provoziert den Widerspruch. Wer Millionen von Lesern in der ganzen Welt hat, der findet auch Hunderte und Tausende von Skeptikern, die nicht nur das Anrecht auf das außergewöhnliche Echo in Frage stellen, sondern die internationale Popularität geradezu als einen Beweis der Minderwertigkeit verstanden wissen wollen. So ist die Geschichte der deutschen Literatur zugleich auch die Geschichte der Proteste gegen die angebliche oder tatsächliche Überschätzung jener, die als ihre wichtigsten Repräsentanten anerkannt wurden – Goethes also und Schillers, Heines, Rilkes und Hofmannsthals, Gerhart Hauptmanns, Thomas Manns und Bertolt Brechts. Kein Großer war und ist seines Ansehens sicher, für die Plätze auf den Denkmalssockeln sind Miet- und Pachtverträge nicht erhältlich. Und manch ein Klassiker hat den heftigen, den fast schon traditionellen und obligaten Widerstand gegen seinen Ruhm noch selber miterleben und miterleiden müssen.

Heinrich Böll, dessen zweifaches Jubiläum es jetzt zu feiern gilt – denn er wird in diesen Tagen sechzig Jahre alt und sein schriftstellerischer Weg begann vor genau dreißig Jahren – wurde beides in hohem Maße zuteil: der Lorbeer und die Dornen, der blendende Ruhm und sein unvermeidbarer und düsterer Schatten. Eine neue Ausgabe, die deutlich bemüht ist, allem Pathos aus dem Wege zu gehen und die gleichwohl monumental wirkt, macht uns die Dimensionen seines Werks bewußt: In fünf Bänden mit rund 2600 Seiten vereint sie neben den Romanen und dem »Irischen Tagebuch« nicht weniger als

88 Erzählungen. Mehrere weitere Bände werden Bölls Schriften zur Literatur und Politik zusammenfassen.

Die Weltauflage seiner Werke beträgt über siebzehn Millionen Exemplare; hiervon entfällt etwa ein Viertel auf Auslandsausgaben. Übersetzungen seiner Prosa gibt es in 35 Sprachen, wobei einige indische Dialekte nicht einmal mitgezählt sind. Lang ist auch die Liste der Bücher, die sich ausschließlich mit Böll befassen: Es sind schon 25 Titel. Und die Zahl der ihm verliehenen deutschen und internationalen Literaturpreise hat längst ein Dutzend überstiegen.

Aber geht das mit rechten Dingen zu, hat er dies alles verdient? Ist der Sockel, auf dem er steht, nicht viel zu hoch, ist der Mantel, den er trägt, nicht zu weit und zu schwer? Gebührte ihm mehr als anderen Schriftstellern deutscher Zunge der nach wie vor so begehrte Nobelpreis? Solche Fragen werden oft gestellt und nicht nur hinter vorgehaltener Hand. Ja, es ist, zumal in literarischen Kreisen, seit Jahren üblich, ein Mißverhältnis zwischen Bölls Erfolg und der Qualität seiner Bücher zornig oder herablassend zu beklagen. Doch würde man es sich bestimmt zu leicht machen, wollte man sagen, dieser hartnäckige Zweifel rühre einzig von der Mißgunst der Kollegen und dem Neid der Zukurzgekommenen.

Waren denn die Bedenken der Kritik, die auch gegen seine bekanntesten Romane (»Ansichten eines Clowns«, 1963; »Gruppenbild mit Dame«, 1971) viel einzuwenden hatte, etwa nicht berechtigt? Läßt sich der Stilist Böll mit dem sprachgewaltigen Prosakünstler Günter Grass vergleichen? Können seine psychologischen Analysen neben jenen von Max Frisch bestehen? Gibt es unter seinen Romanen auch nur einen, den man Wolfgang Koeppens Meisterwerk »Tauben im Gras« an die Seite stellen könnte? Hat er je ein Buch geschrieben, dem man die eindringliche, die bohrende Intensität der Prosa Thomas Bernhards nachrühmen könnte?

Sein Ansehen verdanke er, meinen die Gegner Bölls, vor allem seinem moralischen und erzieherischen Einfluß, seiner

Rolle und seiner Funktion im öffentlichen Leben der Bundesrepublik. Die derartiges behaupten, verkennen allerdings, daß er diese einzigartige Rolle nur spielen, diese unvergleichliche Funktion nur ausüben kann, weil er ein (vielen Schwächen zum Trotz) einzigartiges und unvergleichliches Werk geschaffen hat. Und es ist nun doch nicht das Werk eines Moralisten, eines Volkserziehers, sondern, in erster Linie, eines Künstlers, eines Dichters.

II

In Bölls frühen Büchern, in der Erzählung »Der Zug war pünktlich« (1949), in dem Geschichtenband »Wanderer, kommst du nach Spa...« (1950), in dem Roman »Wo warst du, Adam?« (1951), wird das Individuum mit einem Phänomen konfrontiert, dem es sich rettungslos ausgeliefert sieht – mit dem Krieg. »Das ist furchtbar, daß alles so sinnlos ist. Überall werden nur Unschuldige gemordet« – heißt es in der Erzählung »Der Zug war pünktlich«.

Aber warum ist alles sinnlos, warum werden Unschuldige gemordet? Zu sehr sind Bölls Gestalten mit ihren Leiden beschäftigt, als daß sie bereit oder imstande wären, auf solche Fragen einzugehen. Und der Erzähler Böll hütet sich, den meist sehr engen Horizont seiner damals im Mittelpunkt stehenden Figuren zu überschreiten. Daher erscheint der Krieg in seiner frühen Epik nicht etwa als Folge menschlicher Handlungen, die man untersuchen und kritisieren könnte, vielmehr als etwas Undurchschaubares und Schreckliches, als eine furchtbare Krankheit, deren einzelne Symptome schmerzhaft bekannt, deren Ursachen aber unbegreiflich und geheimnisvoll sind. Der junge Böll zeigt nicht, wie die Menschen den Krieg machen, sondern was der Krieg aus den Menschen macht.

Gewiß, die Henker und ihre Werkzeuge werden nicht ausgespart, indes bleiben sie im Hintergrund. Das Interesse des Erzählers gilt den Leidtragenden der Katastrophe, den Opfern, den kleinen Leuten, die in der Regel wenig verstehen und viel fühlen. Sie erfahren ein ganz alltägliches Kriegsschicksal. Sie handeln nicht, sie leisten auch keinen nennenswerten Widerstand gegen den Terror. Aber sie lassen sich nicht mißbrauchen, sie machen nicht mit. Bei einer keineswegs ungewöhnlichen Mentalität zeichnen sie sich doch durch moralisch einwandfreie Haltung aus.

Wenn sie für schuldig erklärt werden, so höchstens in einem metaphysischen Sinne. Von konkreter und individueller Schuld sind sie hingegen frei. Die ruhige und hartnäckige Verweigerung und die meist nur zwischen den Zeilen und eher beiläufig angedeutete Integrität geben diesen Antihelden nun doch Züge eines natürlich nie angestrebten, eines diskreten und unterspielten Heroismus. Dank seiner Unantastbarkeit und seinen Leiden entpuppt sich Bölls programmatischer Antiheld überraschend als ein Miniheld wider Willen.

So hat Böll die generelle Anklage mit dem individuellen Freispruch verbunden und die Empörung gegen das System mit der Entsühnung des kleinen Mannes. Und so hat er es vielen seiner Leser, zumal denjenigen, die während des Zweiten Weltkrieges die Uniform der Wehrmacht getragen hatten, leicht gemacht, sich mit seinen zentralen Gestalten zu identifizieren. Hierin liegt einer der Gründe seines außergewöhnlichen und auf den ersten Blick verblüffenden Erfolgs.

Freilich wurde dieser Erfolg durch Bölls meist unterschätzte Fähigkeit ermöglicht, sein Lebensgefühl und seine Lebenserfahrungen, seine Weltsicht ins Epische, ja ins Visuelle umzusetzen. Er hat einen geradezu phänomenalen Blick für Bilder und Motive, Situationen und Konstellationen, die das, worauf er aus ist, mit schlagender Wirkung anschaulich werden lassen: Was er zu sagen hat, zeigt er, was er mitteilt, kann man sehen. Und was man sieht, weist über sich hinaus und läßt im Individuellen das Allgemeine erkennen, den gesellschaftlichen oder auch zeitgeschichtlichen Hintergrund, den Geist der Epoche. Seine Geschichten sind Parabeln.

In dem Titelstück des Bandes »Wanderer, kommst du nach

Spa...« liegt ein junger Soldat, der noch nicht weiß, wie schwer er verletzt wurde, auf einem Operationstisch: »Ich wollte mich aufrichten, aber ich konnte es nicht: ich blickte an mir herab und nun sah ich es: sie hatten mich ausgewickelt, und ich hatte keine Arme mehr, auch kein rechtes Bein mehr, und ich fiel ganz plötzlich nach hinten, weil ich mich nicht aufstützen konnte; ich schrie.« Dieser verwundete Soldat ist eine reale Person und doch zugleich ein Symbol. Wofür steht es? Für die Unmenschlichkeit des Krieges? Für die Hilflosigkeit der Opfer? Für die Ohnmacht der jungen, der geschlagenen Generation? Oder gar für Deutschland im Jahre 1945? Wie auch immer: Hier wird im Extremen das Exemplarische deutlich.

In den Romanen und Geschichten, die in der Nachkriegszeit spielen, konfrontiert Böll abermals das leidende Individuum mit einer zwar gänzlich veränderten, doch immer noch kalten und feindlichen Umwelt: Sein Blick bleibt auf die Erniedrigten und Beleidigten gerichtet, auf die getretene und getriebene Kreatur. Und immer wieder wird die Situation seiner herumirrenden Helden in gleichnishaften Szenen erkennbar, die so einfach wie sinnfällig sind.

So erzählt Böll in der Geschichte »Der Mann mit den Messern« von einem hungernden Mann, der seinen Platz in der Welt nach 1945 nicht finden kann und sich in seiner Verzweiflung als Statist zu einem lebensgefährlichen Varieté-Auftritt hergibt: »Ich war der Mensch, auf den man mit Messern warf...« So ist in dem Roman »Und sagte kein einziges Wort« (1953) die Zerrüttung einer Ehe gleichsam symptomatisch für die Zerstörung menschlicher Beziehungen vor dem Hintergrund jener Zustände kurz nach der Währungsreform, die Böll mithilfe sichtbarer Kontrastmotive skizziert: Ruinen und Neubauten, kümmerliche Untermieter-Zimmer und riesige Luxuswohnungen verweisen auf das Nebeneinander von Nachkriegselend und beginnender Prosperität.

Auch andere Schriftsteller haben die Fragwürdigkeit und Hohlheit des hektischen Kulturbetriebs in der Bundesrepublik der späten fünfziger Jahre attackiert. Aber nur Böll vermochte seine Kritik in einer hintergründig-humorvollen Parabel auszudrücken: In der Satire »Doktor Murkes gesammeltes Schweigen« (1958) wird aus der Tonbandaufnahme eines Rundfunkvortrags die in ihm oft vorkommende Vokabel »Gott« auf Wunsch des Autors ausgeschnitten und durch eine andere Wendung ersetzt, doch lassen sich die Bandstücke sofort wiederverwenden – in einem modernen Hörspiel schafft das Wort »Gott«, eingeblendet an Stellen feierlicher Stille, die erwünschte Abwechslung.

Wie der Krieg scheint in Bölls Welttheater auch die Nachkriegszeit als ein Fatum, dem der Mensch nicht entgehen kann. Am Ende des Romans »Ansichten eines Clowns« bricht Hans Schnier zusammen: Er sitzt bettelnd auf der Treppe des Bahnhofs von Bonn. Was läßt dieser Zusammenbruch erkennen? Die Ohnmacht eines einzelnen, der sich verdrängt fühlt und seiner Umwelt nicht mehr gewachsen ist? Oder vielleicht auch die Ohnmacht der Kunst, die ihre Aufgabe nicht mehr erfüllen kann?

Mit den »Ansichten eines Clowns« war Böll zum dominierenden Leitmotiv seiner Epik zurückgekehrt: dem Scheitern der Liebe an der Bosheit und Grausamkeit der Verhältnisse. Der Krieg war es, der einst das Glück des deutschen Soldaten Feinhals und der ungarischen Jüdin Ilona (»Wo warst du, Adam?«) oder der Kölnerin Leni Gruyten und des russischen Kriegsgefangenen Boris (»Gruppenbild mit Dame«) verhindert hatte – und so zerstört auch der katholische Klüngel von Köln und Bonn die Liebe von Hans Schnier und Marie, so ruiniert ein skrupelloses Sensationsblatt die Existenz des Mädchens Katharina Blum.

Die Erzählung »Die verlorene Ehre der Katharina Blum« (1974) bietet eine neue Variante der Grundsituation in der Epik Bölls: Gegen die Ungerechtigkeit und Mißgunst der Welt wird die Unschuld und Reinheit eines einzelnen ausgespielt. Doch an die Stelle jener anonymen und undurchschaubaren Mächte,

denen Bölls Helden unterliegen mußten, tritt jetzt eine genau
bezeichnete Instanz: die »Bild«-Zeitung. Das Individuum als
Opfer der Massenblätter und somit auch als Opfer der Gesellschaft, die solche Blätter duldet – unzählige Male hat man sich
mit dieser Frage befaßt. Doch erst Heinrich Böll hat Bilder,
Motive und Figuren gefunden, die ihm die epische und überaus
suggestive Formulierung des heiklen Themas ermöglichten.

III

Sein Werk ist voll von Widersprüchen. Aber es lebt nicht trotz,
sondern dank ihrer Existenz. Und widerspruchsvoll ist seine
Person, die sich so gar nicht mit dem traditionellen Bild vom
bedeutenden deutschen Schriftsteller in Einklang bringen läßt.

Wie kein anderer unter den Schreibenden verkörpert er in
unsere Epoche das deutsche Schuldbewußtsein. Doch was die
Welt für deutsch zu halten gewohnt ist – das Gründliche,
Feierliche und Schwerfällige, Pathos und Monumentalität –,
verweigert er ihr. Der Trauermarsch mit gedämpftem Trom-
melwirbel war seine Sache nie. Er ist und bleibt vor allem ein
Humorist. Er verbindet Bitterkeit mit Verschmitztheit, Gewis-
senserforschung mit Charme, Verzweiflung mit Vergnüglich-
keit, harte Anklage mit saftigem Spaß. Ein Prediger ist er, aber
mit clownesken Zügen, ein Narr mit priesterlicher Würde.

Thomas Manns Kategorien – »Ich bin weit eher zum Repräsentanten geboren als zum Märtyrer«[1] – sind auf Böll schwerlich anwendbar. Seine rheinische Daseinsbejahung macht ihn
ebenso zum Märtyrer ungeeignet, wie sein ungezwungener und
direkter, wenn auch nie nonchalanter Habitus nicht gerade an
Repräsentation denken läßt. Indes ist er weder dem einen noch
dem anderen entgangen. Eher ein Schalk als ein Märtyrer,
wurde er gleichwohl zur Zielscheibe unzähliger Attacken, zum
Winkelried der deutschen Literatur dieser Jahre. Eher ein stiller
Beobachter und schmunzelnder Zeitkritiker, sah er sich gleichsam über Nacht in der Rolle des Repräsentanten. Und ohne daß

er es wollte, war er eines Tages ein Praeceptor Germaniae. Freilich, einen solchen Lehrmeister hatte Deutschland noch nie.

Denn Böll ist ein Anarchist – und er denkt nicht daran, dies zu verheimlichen. Weder Kunst noch Schriftstellerei sei auf dieser Welt möglich, meint Böll, »ohne mindestens eine Beimischung von Anarchie«. Und er fügt hinzu: »Diese Beimischung habe ich natürlich.«[2] Ihm schwebe, bekennt er freimütig in einem Interview, »eine anarchische Gesellschaft« vor. Tatsächlich richtet sich seine Kritik gegen jede Form der institutionalisierten Machtausübung, gegen Staat und Militär, gegen Kirche und Schule. Indes ist es noch nicht lange her – es war 1974 –, daß Böll nachdrücklich erklärt hat, was seine Gegner meist ignorieren: »Ich bin eben nicht nur Anarchist, ich bin auch Staatsbürger. Ich bin bewußter und überzeugter Bürger der Bundesrepublik Deutschland.«[3]

Mit diesem Hang zum Anarchischen und mit Bölls offizieller Rolle haben auch jene vielen Gegensätze und Widersprüche zu tun, die für seine Situation so charakteristisch sind. Er mißtraut dem Erfolg – und gehört zu den Erfolgreichsten. Er rebelliert gegen Institutionen – und ist längst selber eine Institution. Er verachtet die Macht – und übt selber, auch wenn ihm davor graut, Macht aus. Aber Böll ist ein Mächtiger, der, so paradox dies auch klingen mag, seine Ohnmacht nicht tarnt: Seine Stärke besteht nicht zuletzt darin, daß er seine Schwäche zugibt und sich ihrer nicht schämt. Er fühle sich – so in einem Gespräch von 1975 – der ihm in den letzten Jahren aufgebürdeten Verantwortung nicht gewachsen, was er manchmal sage, sei »ein bißchen töricht überformuliert«.

Er verteidigt die Verirrten – und kann sich dabei selber verirren. Er weigert sich, als »etablierter Aufpasser« zu fungieren. Doch wo er Verfolgung wittert, da ist er zur Stelle; und er verwaltet dieses Amt so leidenschaftlich, daß er, seine Gegner provozierend, bisweilen selber zu einem Verfolgten wird. Er macht Fehler, er gibt sich Blößen. Er ist oft unsicher und hilflos wie die Helden vieler seiner Romane und Erzählungen. Und so können sich Millionen seiner Leser nicht nur mit seinen Gestalten identifizieren, sondern auch mit ihm selber: Ein weltberühmter Autor und trotzdem und immer noch ein Bruder der kleinen Leute, einer von ihnen, ein Jedermann.

IV

Ohne ein Amt zu haben, repräsentiert Böll die deutschen Schriftsteller der Gegenwart. Ohne daß er es wollte, verkörpert er heute die deutsche Literatur und mehr als die Literatur. Ein Dichter ist er und mehr noch als ein Dichter. Böll spricht – schrieb unlängst Peter Demetz – »gegen alle Tyrannei der Welt, der erste Deutsche nach Thomas Mann, der das tun darf«.[4]

In seiner Heimat freilich wird er nicht nur geschätzt und geliebt, sondern auch häufig verdächtigt und bösartig attackiert. Doch wer Heinrich Böll denunziert, denunziert die deutsche Literatur unserer Zeit und damit das Land, in dem sie entsteht. Was könnte man Besseres über einen Schriftsteller dieser Jahre sagen?   (1977)

HORST KRÜGER,
DIE BEISPIELHAFTE VERSUCHSPERSON

Warum und weshalb, wofür und wozu erhält Horst Krüger heute den Thomas-Dehler-Preis 1970?

I

Zu den Vokabeln, die in der Bundesrepublik überraschend Karriere gemacht haben, gehört auch das schlichte deutsche Verbum »verändern«. Daran mag der junge Karl Marx schuld sein, genauer gesagt die berühmte elfte seiner »Thesen über Feuerbach«. Sie lautet: »Die Philosophen haben die Welt nur verschieden *interpretiert,* es kommt darauf an, sie zu *verändern.*«[1] Ein heikles Wort. Tragen denn jene, die die Welt nur interpretieren, nicht auch zu ihrer Veränderung bei?

Und darf man, was der junge Marx in den Jahren vor der Revolution von 1848 lediglich auf die Philosophie bezogen hat, so forsch und unbekümmert, wie dies heute meist geschieht, auf die Literatur übertragen? Es ist nach wie vor sehr schwer, eine Seite guter deutscher Prosa zu verfassen, und es ist immer sehr leicht, lauthals zu verkünden, man wolle mit dem, was man schreibt, Deutschland und womöglich die ganze Welt verändern.

Auch Horst Krüger würde die Welt gern verändern. Niemand verzichtet von vornherein auf einen so großen Spaß. Doch ist dies, glaube ich, nicht der entscheidende Impuls, dem er als Schriftsteller folgt. Er schreibt, scheint es, ganz einfach um des Schreibens willen. Anders ausgedrückt: Nicht um die Welt zu verändern, sondern um das Leben und sich selber zu ertragen. Natürlich polemisiert er oft und mit Vergnügen, aber er gehört zu jenen, die eher in der Defensive sind.

Seine Form ist das Feuilleton. Und die Feuilletonisten agieren nicht, sie reagieren. Sie haben nicht den Ehrgeiz, die Welt herauszufordern. Sie sind bescheidener: Ihnen genügt es, der Welt auf ihre Herausforderung zu antworten. Aber indem der Feuilletonist Horst Krüger antwortet, stellt er in Frage, indem er in Frage stellt, charakterisiert er, indem er charakterisiert, kritisiert er.

Darauf ließe sich gleich erwidern, Literatur sei ja immer Deutung und Kritik der Gegenwart. Gewiß, aber das Feuilleton bietet Interpretation ohne Anspruch und auch ohne Gründlichkeit, sofortige Deutung ganz ohne Tiefsinn und ohne Gewichtigkeit, unmittelbare Zeitkritik ohne Stimmaufwand und ohne Feierlichkeit. Vor allem jedoch: das Feuilleton erweist sich als ein betont individuelles Echo auf die Gegenwart, es bewährt sich als eine extrem persönliche Reaktion auf die Umwelt. Dies aber rückt das Feuilleton, wie es Krüger zu üben weiß, in die Nähe nicht etwa anderer Prosaformen, sondern – sehr überraschend – in die unmittelbare Nachbarschaft der Lyrik.

Der Lyriker zeigt seine Epoche und seine Welt, indem er sich zeigt und beschreibt. Nicht anders verfährt der Feuilletonist Horst Krüger: Er behandelt sich selber als eine Art Versuchsperson, die er den Wirkungen seiner Zeit, unserer Zeit, aussetzt. Alles, was er geschrieben hat, könnte den Titel tragen: Zum Beispiel Ich. Indem er seine subjektiven Reaktionen auf die objektive Umwelt beobachtet und untersucht, macht er sich selber und zugleich seinen Lesern diese Umwelt bewußt. Im Individuellen wird das Allgemeine erkennbar und faßbar, sein Selbstporträt ergibt immer auch Gesellschaftskritik, Autobiographisches gerät ihm unweigerlich zum Deutschlandbild.

In unserer Zeit wird die Lyrik – aus welchen Gründen auch immer – nur noch von einem sehr kleinen Teil des Publikums überhaupt wahrgenommen. Darf man somit im Feuilleton dieser Art eine demokratische Entsprechung der Lyrik sehen?

Sollte gar das Feuilleton heute so etwas wie die Lyrik des
kleinen Mannes sein? Auf jeden Fall ist es Krüger gelungen, mit
und in seinen Feuilletons die Synthese von Privatem und Politi-
schem, von Intimität und Öffentlichkeit zu verwirklichen.

So und nur so konnte Krüger das bürgerliche Feuilleton von
gestern und das scheinbar ganz unzeitgemäße intime Journal
unerwartet und überzeugend wiederbeleben und mit seiner
Prosa auch diejenigen Zeitgenossen erreichen, die sonst der
Literatur fernstehen. Das ist eine literarische Leistung ebenso
wie ein gesellschaftliches Verdienst. Darum gebührt Horst
Krüger, denke ich, der Preis, der ihm heute verliehen wird.

II

Die Freude an der schonungslosen Selbstdarstellung, die sich
gelegentlich der Selbstentblößung nähert und nähern muß,
verbindet Krüger mit einer anderen, ebenso wichtigen und fast
ebenso riskanten Neigung. Es handelt sich dabei nicht nur um
die Genugtuung, die dem Schreiber seine eigene Objektivität
und Gerechtigkeit bereiten kann, ich meine vielmehr den lei-
denschaftlichen Hang zur totalen Unvoreingenommenheit, ich
meine etwas, was sich vielleicht bezeichnen ließe als die Wollust
der absoluten Unbefangenheit.

Mit dieser Lust und Leidenschaft hängt die Wirkung seiner
Feuilletons zusammen. Krüger hat seine konsequente, hartnäk-
kige und oft trotzige Unvoreingenommenheit zu einer schrift-
stellerischen Methode entwickelt, zu einer Technik, die es ihm
ermöglicht, jene Rolle zu spielen, zu der sich bedeutende
Feuilletonisten stets gedrängt fühlen – die Rolle nämlich des
enfant terrible, das die Öffentlichkeit unentwegt mit dem Ruf
aufstört: Der Kaiser ist ja nackt.

Daher mögen diejenigen Kollegen, die Krüger gern vorwerfen, man könne in manchen seiner Arbeiten finden, was im
Grunde alle sehen und wissen, durchaus im Recht sein. Ja, in
der Tat sagt er oft, was alle fühlen und sehen und wissen, was

aber merkwürdigerweise noch keiner ausgedrückt und aufge-
schrieben hat. Mit anderen Worten: Dank dieser absoluten
Unbefangenheit gelingt es Krüger immer wieder im Alltäglichen das Typische, im Gewöhnlichen das Symptomatische und
im Banalen das Exemplarische zu erkennen und zu zeigen.

Nichts wäre jedoch falscher als die Vermutung, Krüger habe
seine Unvoreingenommenheit mit stoischer, gewissermaßen
klinisch reiner Betrachtungsweise erkauft. Im Gegenteil: In
vielen seiner Feuilletons ist neben der Unbefangenheit auch
eine sehr direkte Teilnahme des Autors an seinen Themen
spürbar, eine Gereiztheit, die er bisweilen ironisch relativiert,
doch nie verheimlicht. Hinter dieser nervösen Unruhe Krügers
verbirgt sich, glaube ich, ein Element, das entscheidend zur
Qualität seiner gesellschaftskritischen Feuilletonistik beiträgt.
Ich meine sein ambivalentes Verhältnis zur Umwelt. Auch wo
er mißbilligt oder ablehnt, entdeckt man immer einen verständ-
nisvollen Unterton, und wo er befürwortet, kommt zusammen
mit seiner Sympathie auch der Stachel seines Zweifels zum
Vorschein.

Genau betrachtet, läßt er sich beim Schreiben nicht gerade
von der Liebe leiten und auch nicht vom Haß, sondern von
einer mit Skepsis gedämpften Haßliebe. Dies aber ist eine in der
Literatur oft sehr fruchtbare Kategorie, zumal im Feuilleton: Es
hat bei Börne und bei Heine, bei Karl Kraus, Alfred Kerr und
Kurt Tucholsky seine Wurzeln immer in einer schwierigen
Haßliebe. Das gilt auch für Krüger: Ob er unser Kulturleben
verspottet oder Kleinbürger porträtiert, ob er Magdeburg zu
erkunden sucht oder das Ruhrgebiet, wo immer er deutsche
Augenblicke fixiert, unverkennbar bleibt die ambivalente Beziehung zu den Themen, die ihm aufgezwungen werden – von
der Zeit, in der wir leben.

Nur in einer Hinsicht kennt er allerdings keinerlei Ambivalenz – in seinem Verhältnis zu jenen, die hierzulande die Macht
ausüben. In dem Buch »Deutsche Augenblicke« schreibt er
knapp und unmißverständlich: »Ordnung in unserem Lande zu

unterhöhlen, ist ein Akt purer Humanität.« Aber eben deshalb, denke ich, gebührt Horst Krüger der Preis, der ihm heute verliehen wird.

III

Den Begriff »Die unbewältigte Vergangenheit« hat man – entnehme ich dem Büchmann – zuerst 1955 gebraucht; doch weiß man nicht, von wem er geprägt wurde. Ob es vielleicht ein alter Nazi war? Dieses Schlagwort scheint mir im hohen Maße dubios. Denn es suggeriert, daß man die Vergangenheit, die hier gemeint ist, überhaupt bewältigen könne, daß sie sich also irgendwie erledigen und abhaken lasse.

Horst Krüger ist da anderer Ansicht. Der Titel seines Buches »Das zerbrochene Haus – Eine Jugend in Deutschland« meint mehr als das von Bomben zerstörte Elternhaus des Autors und mehr auch als die Teilung Deutschlands. Im Fazit des Buches heißt es, Hitler habe »uns allen einen Sprung beigebracht« und: »Dieser Hitler, denke ich, der bleibt uns – lebenslänglich.« Das aber bedeutet nichts anderes als die Erkenntnis, daß die deutsche Vergangenheit sich niemals bewältigen lasse. Man kann sie höchstens beschreiben und zeigen. Ebendies hat Krüger getan.

Auf die Frage, »wie das damals war unter Hitler« und »warum die Deutschen diesen Mann liebten, warum sie ihm ehrlich zujubelten«, auf diese welthistorische Frage gibt Krüger im »Zerbrochenen Haus« eine scheinbar private Antwort: Er berichtet, was sich in seiner Familie in den dreißiger Jahren zugetragen hat, er erzählt die Geschichte seiner Jugend. Dieses Buch scheint mir beispielhaft als Versuch, die Vergangenheit nicht zu bewältigen, sondern sie um der Gegenwart und um der Zukunft willen darzustellen.

Zugleich hat Krüger in zahlreichen Feuilletons sowohl des Bandes »Deutsche Augenblicke« als auch des Buches »Stadtpläne« die Folgen des »Dritten Reiches« im Alltag der beiden deutschen Staaten veranschaulicht, er hat diesen Sprung, der uns allen nach Hitler geblieben ist, bewußt und sichtbar gemacht. Die Mitverantwortung für das, was damals geschah, das ist das einzige »Gefühl von Vaterland«, zu dem er sich bekennt. Und er fragt, ob es das wohl sei, »was die in Bonn jetzt mit ihrem sauberen Nationalgefühl meinen«.

Auch dafür, also für seine Nichtbewältigung der Vergangenheit, gebührt Horst Krüger, denke ich, der Thomas-Dehler-Preis.

IV

Da war noch eine vierte Frage: Wozu, zu welchem Zweck erhält Horst Krüger den Thomas-Dehler-Preis? Unsere Verleger streben immer nach dem Höheren, sie reden gern von Ideen und Idealen. Wir Literaten sind entschieden weniger poetisch, wir sprechen lieber vom Geld und von Honoraren. Daher soll auch jetzt hier ganz ungeniert vom Geld die Rede sein.

Horst Krüger war fünfzehn Jahre lang Leiter des Nachtprogramms in Baden-Baden. Er saß auf einem sicheren und bequemen, warmen und weichen Sessel. Er hat 1967 auf ihn verzichtet und sich für den harten und sehr unsicheren Stuhl eines freien Schriftstellers entschlossen. Und nur diesem seinen Entschluß haben wir es zu verdanken, daß beispielsweise sein Buch »Deutsche Augenblicke« entstanden ist. Auch der Schriftsteller unterliegt dem Gesetz von Angebot und Nachfrage, auch er muß sich oft nach dem Markte richten, auch er sieht sich genötigt, die Verkäuflichkeit der Ware zu bedenken, die er produziert. Daß dies der Literatur häufiger geschadet als genutzt hat, ist eine Banalität, an die man freilich immer wieder erinnern muß.

Der Thomas-Dehler-Preis ist mit einem Betrag von 10 000 Mark dotiert. Wozu gibt man dieses Geld dem Preisträger? Ich denke, um ihm wenigstens ein kleines Stück materieller Unabhängigkeit zu sichern, ein Stückchen von jener Freiheit, die nötig ist, damit ein Schriftsteller sagen kann, was er sagen will. Horst Krüger erhält den Thomas-Dehler-Preis nicht nur dafür, was er bisher geleistet hat, sondern auch dafür, was man sich von ihm erhofft, von ihm erwartet – daß er nicht aufhört, seinen Zeitgenossen auf ihre Finger zu sehen, die oft schmutzigen und bisweilen blutigen Finger. Daß er nicht aufhört, mit seinem Zweifel, jenen, die die Macht ausüben, das Leben zu erschweren und uns, seinen Lesern, die Welt ein wenig verständlicher zu machen. (1970)

FRIEDRICH DÜRRENMATT
ODER LEIDER EIN MYTHOS

Über Friedrich Dürrenmatt, der heute sechzig Jahre alt wird, konnte man in den letzten Tagen ebenso in deutschen wie in schweizerischen Magazinen viel lesen. Aber es fällt auf, daß diejenigen, die zu Wort gekommen sind, sich zwar ausführlich mit der Person und dem Lebenswandel des Jubilars befassen, noch einmal sein oft beschriebenes Haus schildern, seine bissigen Äußerungen zitieren und allerlei Anekdoten erzählen, doch wenig Lust haben, auf das einzugehen, was seinen Ruhm begründet hat – auf sein Werk.

Dürrenmatt sei »so etwas wie ein Mythos geworden« – meint Georg Hensel.[1] Fast alle Beiträge aus Anlaß des Geburtstages bestätigen diesen Befund: Ein Mythos wird gefeiert, ein Autor auf den Denkmalssockel gehievt und damit ins Literarhistorische erhoben und zugleich ins Museale entlassen. Das ist zwar bequem, aber auch bedenklich. Neu ist es freilich nicht. Schon vor fünfzehn, vor zwanzig Jahren wurde dem überall erfolgreichen Dramatiker auch hierzulande oft und ausgiebig applaudiert. Man lachte über seine Witze und freute sich über seine Bonmots, man fand sich mit seinen Grobheiten ab und war sogar bereit, ihm seine Kriminalromane zu verzeihen. Aber man lobte ihn, ohne ihm recht zu trauen. Er wurde mehr angestaunt als geachtet. Man hat ihn eher bewundert als voll anerkannt. Er wurde gern gefeiert, doch nicht ganz ernst genommen. Natürlich ist es kein Zufall, daß man ihn im Laufe der Jahre zwar häufig öffentlich ausgezeichnet hat, daß ihm aber die hohen Preise, die man im Namen Lessings und Georg Büchners verleiht, vorenthalten wurden.

Inzwischen sind einige der frühen Stücke Dürrenmatts schon wieder vergessen – und vielleicht nicht zu Unrecht. Andererseits sind in den siebziger Jahren mehrere Bühnenwerke hinzugekommen. Die Kritiker zeigten sich von ihnen, um es vorsichtig auszudrücken, wenig angetan – und wohl auch dies nicht ohne triftige Gründe. Geändert hat sich seine Situation dennoch nicht: Ob er Genialisches bietet oder Albernes – er bleibt ein Ärgernis, ein unheimlicher Schriftsteller, den man sich im Grunde vom Halse halten möchte.

Noch heute kommt in dem Verhältnis zu dem Phänomen Dürrenmatt die (mehr oder weniger bewußte) Selbstverteidigung der Betroffenen zum Vorschein: Die befremdet die Schonungslosigkeit seiner Kunst spüren, versuchen sich gegen sie zu wehren oder ihr zumindest auszuweichen, was letztlich auf dasselbe hinausläuft. Er fühle sich, sagt Dürrenmatt nicht ohne heitere Resignation, von Mißverständnissen umgeben, »wie ein Raubtier in seinem Bau«. Die Auseinandersetzung der Kritik mit seinem Werk war, falls sie überhaupt stattgefunden hat, oft genug nichts anderes als der beharrlich wiederholte Versuch, das Raubtier zu domestizieren.

Sicher ist, daß er in keinen Rahmen paßt, jedenfalls nicht in einen deutschen. Brecht war für die literarische Öffentlichkeit in diesem Lande ungleich leichter hinzunehmen und zu deuten als Friedrich Dürrenmatt. Denn der an die Erziehbarkeit des Menschen glaubende und die Veränderbarkeit der Verhältnisse verkündende Poet aus Ost-Berlin ließ sich ohne größere Schwierigkeiten in der vertrauten Tradition unterbringen, also in der Nachfolge von Lessing, von Goethe und Schiller, von Grillparzer und Hebbel: In dem Dichter mit der Schiebermütze sah man einen, der es auch in unserer Zeit fertiggebracht hatte, aus der Schaubühne eine moralische Anstalt zu machen und obendrein eine mit Gesang, Musik und Humor. Nur war er – so meinten viele – bedauerlicherweise auf die falsche Seite geraten.

Für eine derartige Rezeption ist Dürrenmatt nicht zu haben.

Da er aus einem Pfarrhaus stammt und gelegentlich biblische Motive verwendet, wollte man sein Werk unbedingt im religiösen Sinne interpretieren. In der Tat mag dessen Ursprung auf einer metaphysischen, vielleicht sogar religiösen Ebene zu finden sein – aber nicht mehr als der Ursprung. Die ungeheuerliche Provokation, die von seinen Theaterstücken und Prosaschriften ausgeht, hat ihr Fundament nicht in einem wie auch immer verstandenen Christentum, nicht in jenem kräftigen Protestantismus, zu dem sich Dürrenmatt bisweilen fröhlich bekennt, sondern in seiner makabren und gleichsam universalen Negativität.

Er glaubt keinen Augenblick an Gerechtigkeit und Menschlichkeit, er kennt keine Barmherzigkeit, er ist und bleibt unversöhnlich. Das Leben sei – meint er konsequent, und er zeigt es höchst anschaulich – böse und grausam, blind und sinnlos. Es hänge lediglich vom Zufall ab. Spöttisch konstatiert er, man könne gewiß vieles verändern, nur sei dies gänzlich belanglos, weil der Mensch sich nicht verändern lasse. Dennoch hat man ihn als einen Moralisten wider Willen bezeichnet. Er selber hat es genauer definiert: Über eine seiner Figuren, den im Mittelpunkt der Komödie »Der Meteor« (1966) stehenden Dramatiker, heißt es lapidar, er sei »ein Moralist aus Nihilismus heraus«. Mit anderen Worten: Dürrenmatt kann nur insofern als Moralist gelten, als er, die Existenz der Moral in unserer heutigen Welt leugnend, schon durch die Entschiedenheit und Hartnäckigkeit dieser Verneinung zu erkennen gibt, daß er sich mit der Abwesenheit der Moral nun doch nicht abfindet.

Brecht glaubte an den Klassenkampf, an die Revolution. Jedenfalls behauptete er dies. Dürrenmatt hält die Bekenntnisse der Revolutionäre für »außer Kurs gesetzt«, sie seien höchstens für die Menge brauchbar – als Schlagworte. Er glaubt an nichts. Zumindest gibt er es vor. Brecht offerierte Lösungen, Dürrenmatt macht die Lächerlichkeit aller Lösungen deutlich. Beide wollen sie – in dieser Hinsicht waren sie sich immer einig – ihr

Publikum um beinahe jeden Preis amüsieren. Brecht garnierte seine Stücke mit frommen Sprüchen, Dürrenmatt mit bitteren Sarkasmen und beide oft mit nicht gerade anspruchsvollen Gags. Brecht kam mit dem Gesangsbuch, wenn auch dem revolutionären, daher, er trug es stets griffbereit in der Tasche. In Dürrenmatts Tasche ist vor allem Platz für Sprengstoff. Brecht will heilen, Dürrenmatt will verletzen.

Brecht verkündet Ideen. Und Dürrenmatt? Sein Angebot ist verschwenderisch, alles kann man bei ihm finden: Motive und Modelle, Gestalten und Geschichten, Hohn und Haß, Ulk und Unsinn, Witz und Weisheit – nur keine Ideen. Seine Stücke befassen sich nicht mit dem Glauben, aber immerhin behandeln sie – und das mag mit dem verborgenen religiösen Ursprung zusammenhängen – das »Nichtglaubenkönnen«. Und beide haben unterhaltsame, verfremdende und herausfordernde Gegenentwürfe geliefert, die als Antworten auf unsere Welt unmißverständlich sind. Aber trotz des Altersunterschieds von nicht mehr als 23 Jahren sind es Dichter überhaupt nicht miteinander vergleichbarer Epochen. Brechts Werk ist ohne die Literatur, das Theater, das geistige Klima der Weimarer Republik schlechthin undenkbar. Und Dürrenmatts Werk ist, obwohl nach dem Zweiten Weltkrieg entstanden und mit der Dichtung der zwanziger Jahre an sich weder verwandt noch verschwägert, unvorstellbar ohne Bertolt Brecht.

Während jedoch Brechts Stücke – ebenso die aus der Weimarer Republik wie jene, die er im Exil geschrieben hat – in den fünfziger oder sechziger Jahren nicht mehr unmittelbar unsere Verhältnisse betrafen und also historisch gesehen werden konnten und mußten, was die Rezeption natürlich erleichtert hat, zielten die Hauptwerke Dürrenmatts mitten auf unsere Existenz. Mehr noch: Brecht profitierte davon, daß man in Deutschland gern jenen folgt, die eine Fahne tragen und tröstend auf eine utopische Zukunft verweisen. Dürrenmatt hingegen, der mit keiner Fahne dienen konnte und in dessen Hand sich auch kein Kreuz entdecken ließ, er, der von vornherein erklärte, daß jede Utopie sich als eine Fata Morgana erweisen müsse, lag quer und saß zwischen allen Stühlen.

Nichts gegen Brecht: Er war – dies ist wahrlich eine Banalität – ein Jahrhundertgenie. Doch eine Antwort auf die Welt nach 1945 ist in seinen Schriften nicht mehr zu finden, wohl aber in den Hauptwerken des Nachgeborenen, also Friedrich Dürrenmatts. Literarhistorische Prophezeiungen sind immer höchst riskant. Dennoch spricht manches dafür, daß zu den nicht zahlreichen literarischen Arbeiten, in denen spätere Generationen den Ausdruck unserer Epoche erkennen werden, zumindest drei Werke Dürrenmatts gehören: seine tragische Komödie von der Käuflichkeit des Menschen und von der korrumpierenden Wirkung des Wohlstands (»Der Besuch der alten Dame«, 1956), die Parabel von der Bedrohung der Menschheit durch die Zivilisation (»Die Physiker«, 1962) und schließlich das von der deutschen Kritik gänzlich unterschätzte Gleichnis von der Schuld des Individuums, die Erzählung »Die Panne« (1956).

Eine seiner Figuren läßt Dürrenmatt sagen: »Es gibt für uns Physiker nur die Kapitulation vor der Wirklichkeit.« Bloß für die Physiker? Oder vielleicht auch für die Dramatiker? Jedenfalls sind die besten Arbeiten dieses unbestechlichen Anti-Ideologen Bruchstücke einer großen, einer – so paradox es auch klingen mag – imponierenden Kapitulation. Sein Wort über Schiller und Brecht abwandelnd, kann man sagen: Friedrich Dürrenmatt ist nicht unser Richter, aber vielleicht unser Gewissen, das uns nie in Ruhe läßt.[2] Was könnte man Besseres einem Künstler bescheinigen, dem es nichts ausmacht, als makabrer Possenreißer zu gelten? (1981)

PETER DEMETZ,
DER ARTISTISCHE GELEHRTE

Einen Meister seines Fachs gilt es zu feiern – den Germanisten und Kritiker Peter Demetz, der heute sechzig Jahre alt wird. Ob er das Werk eines Klassikers untersucht oder sich der Bemühungen eines Anfängers annimmt, ob er eine richtungweisende wissenschaftliche Abhandlung publiziert oder eine kurze Rezension – er, Peter Demetz, ist in jeder seiner Arbeiten unverkennbar gegenwärtig: ein unbestechlicher Gelehrter, der die pedantische Textanalyse für eine selbstverständliche Pflicht hält, ohne sich aber durch Nuancen und Details den Blick für das Ganze versperren zu lassen. Scheuklappen kennt dieser Philologe nicht, den Zaun, der sein Fach begrenzt, weiß er immer, bisweilen zur Verärgerung mancher Kollegen, großzügig zu ignorieren.

Aber zugleich haben wir in Demetz – und eben darauf kommt es an – einen Schriftsteller, einen Stilisten mit nahezu artistischen Neigungen: Er liebt die pointierte Ausdrucksweise, die aphoristische Formulierung. Seine Diktion ist ebenso anmutig wie anschaulich, seine Beredsamkeit ebenso exakt wie elegant. Dieser Germanist langweilt nie, dieser Kritiker wird nie oberflächlich: Er schreibt effektvoll, ohne den Effekten nachzujagen. Urban und souverän betrachtet Demetz die Gegenstände, stets ist er offen für das Neue oder das zu Unrecht Vergessene, stets bereit, die literarischen Produkte auch der in Sackgassen oder auf Abwege geratenen Autoren verständnisvoll zu kommentieren. Die Internationalität hat mit seiner Herkunft zu tun, die Toleranz mit seinem Elternhaus, die Urbanität mit seiner Biographie.

Er wurde in Prag geboren. Sein Vater, ein Katholik, kam aus
Südtirol. Seine Mutter, eine Jüdin, aus Böhmen. Ob Religion
oder Sprache oder Politik – die Trennungslinien gingen immer
wieder quer durch sein Familienhaus. So machten es ihm die
Spannungen, deren Zeuge er sein mußte, zeitlebens unmöglich,
sich, wie er selber einmal bemerkte, »dem einen oder anderen
ganz ohne ironischen Rest zu verschreiben«.[1]

Doch soviel Ironie ihm das Ideologische und das Konfessio-
nelle, das Politische und das Nationale auch oft abnötigten – die
Literatur blieb davon, scheint es, unberührt: Sie wurde zur
Heimat dessen, der in den Jahren der nationalsozialistischen
Besetzung Prags zur Heimatlosigkeit verurteilt war und der
sich auch in der kommunistischen Tschechoslowakei bald hei-
matlos fühlte. Immerhin konnte er in seiner Geburtsstadt Germanistik studieren: Er promovierte 1948 und verließ dann –
ohne Gepäck, doch nicht ohne Eile – das ihm fremd gewordene
Vaterland.

Seine Versuche, in Mitteleuropa Fuß zu fassen (in München
und Zürich, in Österreich) schlugen fehl und nicht ohne trifti-
gen Grund: Man habe von ihm – notierte er in einer autobiographischen Skizze – erwartet, was er auf keinen Fall wollte:
daß er sich nämlich zu dieser oder jener nationalen Gruppe
bekenne. Aber »zum Glück war Amerika da, sonst hätte ich es,
wie einer meiner talentierten Landsleute, erfinden müssen«.[2]
1953 ging also der junge Demetz nach New York, 1956 promovierte er noch einmal, jetzt an der berühmten Yale University,
an der er dann lehrte (seit 1962 als ordentlicher Professor für
Germanistik und vergleichende Literaturwissenschaft) und der
er trotz vieler ehrenvoller Angebote und Berufungen bis heute
treu geblieben ist.

Sein erstes Buch, »René Rilkes Prager Jahre«, war eine kleine
Sensation, wenn auch eine, die damals, 1953, von manchen
deutschen Germanisten eher mit Unbehagen registriert wurde.
Schon das prägnante Vorwort provozierte die Fachgelehrten:
Demetz erklärte kurz und bündig, die Rilkeliteratur scheine

»das magisch-theologische Zeitalter noch nicht überwunden zu haben«. Er verspottete sanft die Rilke-Interpreten: »Sie unterliegen ihm, anstatt ihn zu deuten«, sie seien ihrem Thema eher zum Opfer gefallen, statt es sachlich darzustellen. Sehr wohl wußte Demetz, daß gerade in diesem Fall eine möglichst sachliche und nüchterne Untersuchung dringend erforderlich war: So schilderte er Rilkes Jugend jenseits von Verklärung und Verwerfung, so zeigte er dessen Frühwerk in seiner ganzen Fragwürdigkeit und bisweilen auch Lächerlichkeit, so demonstrierte er als erster die Abhängigkeit der Sprache des jungen (und nicht nur des jungen) Rilke vom Prager Deutsch.

Auch mit seinem nächsten Buch (»Marx, Engels und die Dichter«, 1959) machte sich Demetz bei seinen Kollegen nicht gerade beliebt. Die Germanistik, schrieb er, deren natürliches Forschungsgebiet die literaturtheoretischen Texte des Marxismus einschließe, kranke immer noch an ihren spätromantischen Ursprüngen und habe es, »mit der Konstruktion interpretativer Wolkenkuckucksheime« befaßt, versäumt, den Anteil des deutschen Vormärz an diesen Theorien zu analysieren. Auf diese Weise sei ein entscheidendes Kapitel der deutschen Ideengeschichte »allzu sorglos den staatlich bestallten Verteidigern des Kommunismus ausgeliefert«[4] worden.

Wie konnte es denn geschehen, fragt Demetz, daß literarische Kriterien, die dem deutschen Vormärz entstammen, also einer nicht unbedingt brillanten Epoche der Literaturgeschichte, »binnen weniger Generationen ihre Gültigkeit von Leipzig bis Peking haben sollten«?[5] Um diese Frage zu beantworten, geht er, wie es sich schickt, *ad fontes:* Demetz untersucht die Quellen und Wurzeln der marxistischen Literaturdoktrin und ihre (bis dahin konsequent ignorierte) erste Entwicklungsphase. Er prüft die vielen verstreuten Äußerungen von Marx und Engels zur Kunst und Literatur und bezweifelt, ob sie alle zusammen überhaupt eine Ästhetik, ein einheitliches System ergeben. Mehr noch: Er charakterisiert die Theorien auch jener marxistischen Forscher, auf die sich der sozialisti-

sche Realismus immer wieder berief – Franz Mehring, Plecha-
now und Lukàcs.

Zu einer Zeit, da sich niemand im Westen um die kritische
Erörterung der marxistischen Ästhetik oder Pseudoästhetik
kümmern wollte und im Osten eine derartige Erörterung gar
nicht möglich war, lieferte Demetz ein Buch, dem der Rang
eines Standardwerks zukommt: Es war ihm seinem Programm
gemäß gelungen, »die Phantasieflüge der traditionellen Geistes-
geschichte ebenso zu meiden wie den Sturz in die Deskrip-
tion«.[6] Allerdings ist das Buch »Marx, Engels und die Dichter«
offenbar zu früh erschienen: Wäre es statt Ende der fünfziger
erst Ende der sechziger Jahre veröffentlicht worden, hätte es
wohl Zehntausende dankbarer oder auch irritierter Leser gefunden.

Eine grundlegende, über den unmittelbaren Gegenstand weit
hinausgehende Untersuchung bietet auch das Buch »Formen
des Realismus: Theodor Fontane« (1964), das Demetz ebenso
als Germanisten wie als Komparatisten ausweist. Er klärt und
zeigt den Ort Fontanes im weltliterarischen Zusammenhang
und will zugleich zur Kenntnis des Realismus beitragen, ja er
sucht jenseits nationaler Konventionen nach einer »literarischen
Phänomenologie des Realismus«.

Das Fontane-Buch bestätigt abermals, daß der Literarhistoriker Demetz stets auch ein Kritiker ist, daß der sorgfältige und
dabei originelle Philologe sich keineswegs scheut, jene Wertur-
teile zu fällen, auf die eine sinnvolle Betrachtung künstlerischer
Gegenstände nie verzichten darf. So stellt – um nur dies eine
Beispiel hier anzuführen – Demetz, ohne sich um die traditio-
nelle Einstufung viel zu kümmern, Fontanes Frühwerke »Vor
dem Sturm« und »Schach von Wuthenow« und auch »Frau
Jenny Treibel« erheblich höher als »Stine« und vor allem »Effi
Briest«. Diese beiden Romane seien, meint er, »nicht ganz frei
von plötzlicher Sentimentalität, in welcher ein Mitfühlender
den Epiker überwältigt«. Nicht nur der Vollständigkeit halber
sei noch eine Arbeit von Demetz erwähnt, die, lediglich als

Taschenbuch erschienen, kaum wahrgenommen, jedenfalls unterschätzt wurde: die unter dem Titel »Liberale Energie« (1974) publizierte, hervorragende Auswahl der kritischen Schriften Karl Gutzkows, die ein wichtiges wissenschaftliches Werk und ein höchst anregendes Lesebuch zugleich ist.

Daß Demetz nicht zu jenen in den Vereinigten Staaten wirkenden Gelehrten gehört, die wenig Lust haben, das Ghetto der germanistischen Studien zu verlassen, versteht sich von selbst. Er zögert nicht, unter die amerikanischen Intellektuellen zu gehen und sie über die deutsche Literatur, zumal unserer Epoche, zu belehren. So schrieb er in englischer Sprache eine populäre Einführung in die deutsche Literatur seit 1945, die später auch bei uns (in einer nicht von Demetz verfertigten Übersetzung) gedruckt wurde (»Süße Anarchie«, 1970) und einige Verwirrung stiftete, weil manche Rezensenten übersahen, daß es sich hier um eine primär, wenn nicht ausschließlich für amerikanische Leser, zumal für Studenten, bestimmte Darstellung handelte.

Wir leben in einem Zeitalter, in dem die Philologen und die Kritiker eine große gemeinsame Aufgabe haben, derer sich freilich nicht alle, die sich mit Büchern befassen, hinreichend bewußt sind: die Existenz der Literatur zu verteidigen. Nie, will es scheinen, war sie so gefährdet wie gerade in unseren Tagen. Und nie waren wir mehr auf Wissenschaftler angewiesen, die höchsten Ansprüchen genügen und doch von allen, denen die Literatur nicht gleichgültig ist, verstanden werden. Einer von ihnen und einer der besten ist Peter Demetz.

(1982)

WALTER JENS,
DER REDNER DIESER REPUBLIK

Mein Freund Walter Jens ist weit mehr als ein erfolgreicher und umworbener Schriftsteller, mehr als ein geschätzter und berühmter Gelehrter. Er ist eine öffentliche Institution, die schon seit geraumer Zeit im geistigen Leben der Bundesrepublik eine außerordentliche und in einem bestimmten Sinne auch eine zentrale Rolle spielt. Natürlich kann die Existenz einer solchen Instanz und Institution schwerlich unumstritten sein: Von den einen wird sie nachdrücklich befürwortet und gerühmt, von den anderen offenkundig bedauert und mißbilligt. Aber sie läßt sich weder übersehen noch ignorieren, sie ist einzigartig.

Eine umstrittene Figur war Jens immer. Doch scheint ihn dies nicht zu stören: So gern er, wie jeder Autor, den Beifall des Publikums hört, so wenig hat er sich je bemüht, allen auf einmal zu gefallen. Wie Brecht ist er in das Spiel von Spruch und Widerspruch, von Satz und Gegensatz verliebt. Die Dialektik hat es ihm angetan. Er sucht die Auseinandersetzung, er braucht den Dialog, er ist auf die Diskussion angewiesen. Im Laufe der Jahre hat er manch einen Protest bewußt hervorgerufen, manch einen Widerspruch mutwillig provoziert. Wenn er sich an die Öffentlichkeit wendet, wirft er stets den Handschuh hin – und an solchen, die ihn rasch aufgreifen, fehlt es nie. Gegner sind ihm willkommen.

Die häufigen, bisweilen sogar heftigen Attacken souverän hinzunehmen, fällt ihm nicht schwer. Denn Jens weiß sehr wohl, daß sie nur bedingt oder nur scheinbar gegen seine persönlichen Leistungen gerichtet sind. In Wirklichkeit zielen sie oft auf den Typus ab, den er wie kein anderer deutscher

Autor unserer Zeit repräsentiert und den man hierzulande, wo man Vielseitigkeit und Bravour gern mit Oberflächlichkeit verwechselt, fast immer mißtrauisch oder geringschätzig betrachtet.

Für viele ist es offenbar unmöglich, sich damit abzufinden, daß ein Altphilologe Romane verfaßt, ein Fernsehkritiker Predigten hält, ein Polyhistor auch Reportagen und aktuelle Kommentare schreibt und daß ein Gelehrter zugleich ein Sportenthusiast ist. Kann das alles mit rechten Dingen zugehen? Kann man dem Nachdichter der »Orestie« des Aischylos, dem Übersetzer des Matthäus-Evangeliums trauen, wenn er sich gleichzeitig und auch noch kenntnisreich über Fragen des Fußballs äußert? Bei seinen Gegnern von rechts gilt Walter Jens als ein vehementer Linker, bei den Linken als ein Bürgerlicher mit romantischen Neigungen. Den orthodoxen Marxisten sind seine tiefen und immer wieder mit Nachdruck betonten Bindungen an das Christentum nicht ganz geheuer. Die Christen wiederum beargwöhnen seine unverhohlenen Sympathien für den Marxismus.

Das alles mag insofern nicht ganz falsch sein, als Jens ein militanter Protestant ist, ein bürgerlicher Radikaldemokrat. Mit diesen Begriffen lassen sich auch die Ideale andeuten, denen er sich verpflichtet weiß – es sind republikanische, protestantische und demokratische Ideale. So bewandert er in der Welt des Marxismus auch ist, so läßt schon sein Vokabular deutlich erkennen, wo seine geistigen Wurzeln zu suchen sind – nämlich in der Antike und im Christentum. Die Vorbilder, denen er nacheifert, sind nicht etwa – wie manche seiner Gegner leichtfertig behaupten – Rebellen und Revolutionäre, nicht etwa Utopisten und Phantasten. Vielmehr sind es die Repräsentanten des liberalen, des fortschrittlichen deutschen Bürgertums im neunzehnten Jahrhundert: ein Rudolf Virchow, ein Theodor Mommsen.

Er ist kein Politiker, und nie war er Mitglied einer politischen Partei. Aber er nimmt die Rechte des Bürgers und die

Pflichten des Schriftstellers ebenso ernst wie den ursprünglichen Sinn seiner Berufsbezeichnung: Professor – das war einer,
der »sich öffentlich bekennt«. Ebendeshalb äußert sich Jens in
aller Öffentlichkeit und immer wieder zu gesellschaftlichen und
zu politischen Fragen. Indes haben seine Reden mit denen der
Politiker und mit den Kommentaren der Journalisten nichts
gemein. Denn er spricht als Mahner und Moralist; und er
vertritt die Sache jener, die, wie er meint, seines Schutzes
bedürftig sind. Schon daraus ergibt sich, daß Jens immer wieder
als Ankläger fungiert. Nur daß sich in diesen Appellen stets
auch persönliche Bekenntnisse verbergen. *Mea res agitur*, es ist
meine Sache, die hier abgehandelt wird – das ist der *Basso
continuo* seiner Reden.

1962 wurde für Jens von der Universität Tübingen, an der er
bis dahin außerplanmäßiger Professor für Klassische Philologie
war, ein Lehrstuhl für Allgemeine Rhetorik eingerichtet, der
erste in Deutschland seit 1829. Aber Rhetorik – was ist das
eigentlich? Die Wissenschaft von der Eloquenz im Dienst der
Agitation? Ist es etwa die Verführung des Individuums oder gar
der Massen mit Hilfe der Schönrednerei, also eine das Irrationale mobilisierende Kunst? Geht es hier um die Erforschung
der Rattenfängerei?

Keiner kennt besser als Jens die Gefahren, die sein Fach
bedrohen. Eine Gesellschaft ohne Rhetorik sei – meint er –
keine humane Sozietät mehr. Wie kann Vernunft sprachmäch-
tig und das Denken praktisch werden? – das sei die zentrale
Frage der Rhetorik. Sie diene der Republik und der Demokratie, sie strebe die Aufklärung an, sie habe nicht mehr und nicht
weniger im Sinn als die Humanisierung des Zusammenlebens.
Der Zug zum Rhetorischen, zum Pädagogischen und auch zum
Pathetischen ist charakteristisch für die Hörspiele und die
Fernsehfilme, für die Romane und die Erzählungen von Jens:
Sie überzeugen am ehesten in den diskursiven Partien – in den
großen Reden, in den Verhören und Debatten, in den häufigen
und immer bemerkenswerten essayistischen Einschüben.

»Nein – die Welt der Angeklagten« (1950), »Der Blinde« (1951), »Vergessene Gesichter« (1952), »Der Mann, der nicht alt werden wollte« (1955), »Das Testament des Odysseus« (1957) – das sind ehrgeizige epische Versuche; mitunter war ihnen ein sogar über die Grenzen Deutschlands hinausgehender Erfolg beschieden, so dem in der Kafka-Nachfolge geschriebenen Roman »Nein – die Welt der Angeklagten«, der in acht Sprachen übersetzt und in Frankreich auch für die Bühne bearbeitet wurde. Wenn aber diese Bücher aus den fünfziger Jahren nun schon vom Flugsand der Zeit verdeckt sind und ihren Platz nur noch im Archiv der Literaturgeschichte haben, so ist hier kein Unrecht geschehen.

Gleichwohl ist der Rhetor Jens auch ein Erzähler, doch kommt dies überraschenderweise in seinen vornehmlich essayistischen und kulturgeschichtlichen Büchern deutlicher zum Vorschein als in seinen Romanen. Das gilt zunächst einmal für das noch keineswegs veraltete, immer noch erstaunliche Buch »Statt einer Literaturgeschichte« (1957, 7. erw. Auflage 1978), in dem er die Themen, die Leitmotive und die Technik der modernen Literatur an konkreten Beispielen untersuchte und überdies einen Beitrag zur Typologie des Schriftstellers lieferte. Durch zweierlei hatte Jens verblüfft: einerseits durch die konsequente und wie selbstverständliche Anwendung der Methoden der klassischen Philologie auf die Dichtung der Moderne und andererseits durch die temperamentvoll-eindringliche, oft eben schon epische Darstellung. Man übertreibt nicht, wenn man sagt, daß dieses von immenser Bildung zeugende und doch amüsante, ja beschwingte Buch eine ganze Generation von Freunden und auch Kennern der Literatur erzogen hat.

Schriftstellerischer Glanz zeichnet auch ein umfangreiches Werk von Jens aus, in dessen »Prolog« er den Lesern ganz ohne Hemmungen verspricht: »Eine Geschichte, prall von Dramatik und Kraft, durch Blütezeiten, Katastrophen und jähe Umschwünge akzentuiert. Welttheater, Tragödie und Komödie, auf kleinstem Raum. Genialität im Wechselspiel mit Niedrigkeit und Mittelmaß.« Gemeint ist damit – und wer hätte das gedacht? – die Chronik einer Gelehrtenrepublik in der Provinz, nämlich der Universität Tübingen, geschrieben zur Feier ihres fünfhundertjährigen Bestehens (»Eine deutsche Universität«, 1977). Freilich bietet das Buch ungleich mehr als sein schlichter Titel ankündigt. Es ist ein farbiges, streckenweise aufregendes Kapitel deutscher Kulturgeschichte mit vielen Paraphrasen über ein zentrales Thema: die Herrschenden und die Lehrenden, die Macht und der Geist.

So mag, was Jens einst über Lessing schrieb – dieser sei kein »Erfinder« gewesen, wohl aber ein »Finder«[1] –, insgeheim auch eine Selbstcharakteristik sein. Seine besten dramatischen Arbeiten sind ebenfalls jene, die überlieferte Stoffe in neuer, in zeitgemäßer Gestalt präsentieren – das trifft ebenso auf die vom Original (zumal in der Exposition und am Ende) stark abweichende Fernsehfassung des Fontane-Romans »Frau Jenny Treibel« zu wie, in noch höherem Maße, auf das Drama »Der Untergang« (1982), das die »Troerinnen« des Euripides in unsere Zeit herüberholt.

Nichts Literarisches ist ihm fremd, nichts Aktuelles ist unter seiner Würde. Die Bücher »Republikanische Reden« (1976) und »Ort der Handlung ist Deutschland« (1981) dokumentieren seine vielfachen und beunruhigend mannigfaltigen Aktivitäten als Rhetor. Hier finden sich *laudationes* auf Schriftsteller, Verleger und Politiker sowie Jubiläumsreden auf Theater, Gymnasien und Krankenhäuser und ebenfalls auf den Deutschen Fußballbund. Jens sprach auf dem SPD-Parteitag und auch auf dem Deutschen Pfarrertag, auf dem Kongreß des Bundes Demokratischer Wissenschaftler und auch auf der Jahrestagung evangelischer Buchhändler, auf dem Architektentag, dem Volkshochschultag und sogar auf dem Kongreß öffentlicher Nahverkehrsbetriebe. Und er hat, das sei nicht vergessen, in manch einer protestantischen Kirche gepredigt. So wurde er zum Redner dieser Republik.

Aber das alles hat man nicht nur positiv aufgenommen. Wo

es eine Rednertribüne gibt, da sei – spotten seine Gegner – auch Jens gleich zur Stelle. Allerdings übersehen sie und wollen wohl übersehen, daß diese Reden, so unterschiedliche Themen sie auch betreffen, einen doch unverkennbaren gemeinsamen Nenner haben: Immer steht die republikanische Tradition im Vordergrund, immer geht es um bürgerliche Rechte, um die Verteidigung der Demokratie. Sie bedingen und durchdringen sich hier gegenseitig: Pathos und Ethos, das Rhetorische und das Gesellschaftliche.

Man wirft ihm grelle Übertreibungen und kühne Vereinfachungen vor. Indes: Soll man schreiben, ohne zu übertreiben? Kann man Reden halten, ohne zu vereinfachen? Natürlich wirbt Jens, wie jeder Redner, um seine Zuhörer. Doch ihnen entgegenzukommen, ist er nicht bereit. Im Gegenteil: Seine Gesinnung ist demokratisch, seine Sprache ist elitär. Und nicht selten hat man den Eindruck, daß es, mehr noch als seine Ansichten, der suggestive, aber hier und da extravagante Stil ist, der seine Hörer nicht nur reizt, sondern auch in zwei große Lager spaltet.

Diese hochgespannte und heißblütige, stets an Intellekt und Affekt gleichzeitig appellierende Diktion, die mit Fremdwörtern gespickt ist, keinerlei Feierlichkeit fürchtet und auch auf prunkvollen Schmuck nicht verzichten will, dieser beschwörende Tonfall, diese herausfordernde Argumentation – das alles ist in seiner Art und in seinem Anspruch viel zu extrem, als daß es jedermanns Geschmack sein könnte. Da gibt es stürmische Zustimmung oder entschiedene, ja wütende Ablehnung, nie jedoch Gleichgültigkeit.

Aber wie extrem seine Mittel bisweilen auch sein mögen, wie gern er sich der Vokabel »radikal« bedient und sich immer wieder als Verteidiger der »bürgerlichen Radikalität« begreift – im Grunde ist die Vermittlung seine Domäne: Jens ist ein Mann des Ausgleichs, freilich in dieses Wortes bestem Sinn. Wie er seit Jahrzehnten die Synthese von Vision und Begriff sucht, so wird er nicht müde zu vermitteln: zwischen der Phantasie und der Wirklichkeit, der Kunst und der Wissenschaft, der Poesie und der Politik, der Literatur und der Gesellschaft, der Tradition und der Moderne, zwischen den Schriftstellern und den Lesern. Ja, er hat es (den Prognosen zum Trotz) fertiggebracht, das PEN-Zentrum der Bundesrepublik, dessen Präsident er von 1976 bis 1982 war, diese damals an Cliquenkämpfen leidende, zumal von einer aggressiven Linksfraktion bedrohte Organisation, in einen liberalen Club zu verwandeln, in dem es jetzt demokratisch zugeht und in dessen Mittelpunkt wieder die Literatur steht.

Wolfgang Koeppen schrieb in diesen Tagen: »Ich staune, daß wir ihn haben!« Und nun, da Walter Jens sechzig Jahre alt wird, dürfen wir einmal sagen: Welch ein Glück, daß es ihn gibt.

(1983)

SIEGFRIED UNSELD
ODER DIE WOLLUST AM BUCH

Wer diesem Mann, der heute seinen sechzigsten Geburtstag feiert, gerecht werden will, der darf und muß große Worte gebrauchen und kann ohne Superlative schwerlich auskommen. Seit rund zwanzig Jahren spielt er, Siegfried Unseld, im deutschen Kulturleben eine einzigartige Rolle. Seine Verdienste um Literatur und Philosophie, um den Geist und den Geschmack unserer Epoche, sind allerdings der Öffentlichkeit kaum bekannt. Denn er wirkt meist hinter den Kulissen.

Unseld stammt aus dem schwäbischen Ulm. Nicht in der Schule, sondern im nationalsozialistischen Deutschen Jungvolk – sein Führer war jener Hans Scholl, der 1943 wegen Widerstands gegen das »Dritte Reich« hingerichtet wurde – hat ihn zum ersten Mal ein Stück Literatur beeindruckt: Rilkes »Cornet«. Im Krieg war er Marinefunker, unter anderem auf der Krim. Auf der Flucht vor den Russen schwamm er mit einigen Kameraden ins offene Meer und wurde als einziger gerettet. Der Glaube, daß ihm, *gerade ihm* Glück beschieden sei, scheint ihn seitdem nicht mehr verlassen zu haben. Sein Optimismus mag bisweilen blauäugig anmuten, aber in ihm ist eines der Geheimnisse seines Erfolgs zu suchen.

Daß es das Werk Hermann Hesses, also eines zwar hochbedeutenden, doch auch blauäugig-romantischen Schriftstellers war, das Unseld kurz nach 1945 auf den Weg zur Literatur gebracht hat, paßt gut ins Bild und spricht weder gegen den einen noch gegen den anderen. Übrigens meinte Hesse selber, einen Beitrag zur deutschen Sentimentalität geleistet zu haben. Und auch Unseld ist von solchen Neigungen nicht ganz frei.

Doch sollten wir dies nicht bedauern. Denn die Treue, die er seinen Autoren zu bewahren weiß, mag damit zusammenhängen. Vielleicht hat auch eine Prise Sentimentalität sein Lebenswerk ermöglicht.

Als der junge Hesse-Enthusiast in Tübingen studieren wollte, fand sich für ihn kein Platz: Dreimal wurde er abgewiesen und 1947 schließlich doch aufgenommen. Nach wie vor gehören Ausdauer und Zähigkeit zu den Tugenden, denen Unseld es zu verdanken hat, daß er seine Träume verwirklichen kann. In den Hörsälen und Seminarräumen der Tübinger Universität konnte er sich allerdings nur selten sehen lassen. Er mußte sich seinen Lebensunterhalt verdienen und das hat ihm nicht geschadet: Drei Jahre arbeitete er in einem Verlag und schaffte es trotzdem, schon nach sieben Semestern sein Studium mit der Promotion abzuschließen. Ein Jahr lang sammelte er in einer Buchhandlung in Heidenheim Erfahrungen und wurde dann, 1952, von Peter Suhrkamp nach Frankfurt geholt. Nach dessen Tod (1959) übernahm er die Leitung des Suhrkamp Verlages, 1963 auch noch des Insel Verlages.

Unseld ging mit einer beispiellosen Energie und einer unverwüstlichen Vitalität ans Werk. Es zeigte sich bald, daß dieser Philologe zugleich ein begnadeter Manager, dieser Lektor auch ein Meister der Werbung, dieser leidenschaftliche Literaturfreund ein glänzender Geschäftsmann ist. Aus zwei zwar höchst ehrenwerten, doch damals noch verhältnismäßig kleinen Verlagen machte er innerhalb von wenigen Jahren die vornehmste und wichtigste Institution des deutschen Buches. 1958 erschienen im Suhrkamp Verlag 27 Titel, 1983 waren es 327 Titel. Der Insel Verlag hatte 1963 38 Titel veröffentlicht, im vergangenen Jahr dagegen 146 Titel.

Aber Ziffern allein besagen im Verlagsgewerbe doch nicht viel, es gehören die Namen dazu. Hier sind sie: Brecht, Hesse und die Marieluise Fleißer, die Kaschnitz, Nossack, Koeppen und Frisch, Eich, Huchel, Celan und Krolow, Peter Weiss und Hildesheimer, Uwe Johnson, Martin Walser, Enzensberger und

Thomas Bernhard. Große Schriftsteller der Vorkriegszeit wurden in zuverlässigen Werkausgaben zugänglich gemacht – so Broch und Horvàth, Ernst Weiss und Robert Walser, so die Klassiker der Moderne wie Proust, Joyce und Beckett. Und Unseld kann stolz darauf sein, daß – wie er unlängst erklärte – in seinem Haus »wie an keinem anderen Ort die unvergleichliche Produktivität einer letzten Generation deutsch-jüdischer Gelehrsamkeit«[1] konzentriert sei. Er meinte damit die großzügigen Editionen der Philosophen, Essayisten und Soziologen, also von Benjamin, Wittgenstein und Kracauer, von Adorno, Bloch und Herbert Marcuse, von Leo Löwenthal und Gershom Scholem.

Zu Peter Suhrkamps Zeiten gab es nur eine einzige Reihe: die Bibliothek Suhrkamp. Unseld hat sie in jeder Hinsicht modernisiert und stark erweitert. Mittlerweile umfaßt diese mustergültige Sammlung der Weltliteratur unseres Jahrhunderts weit über achthundert Titel in einer Gesamtauflage von etwa zehn Millionen Exemplaren. Dabei ließ es Unseld nicht bewenden: Er schuf unermüdlich neue Reihen und Serien – und beinahe jede erwies sich als ein großer Erfolg.

Ein Beispiel für viele: 1963 kam er auf die Idee, eine Taschenbuchreihe zu gründen, die, an eine junge Leserschicht adressiert, für ein neues Demokratiebewußtsein werben und sich auf jeden Fall von allen anderen Taschenbuchreihen unterscheiden sollte. Die Lektoren des Hauses Suhrkamp waren alle gegen diese Idee, Enzensberger ebenfalls; er hatte in seinem Buch »Einzelheiten« geschrieben: »Den Luxus einer ›Linie‹, einer wie auch immer gearteten Ansicht von der Welt und der Literatur, leisten sich die Programme der Taschenbuchverlage nicht mehr.«[2] Unseld ließ sich nicht beirren: Er startete die neue Reihe unter der Bezeichnung »edition suhrkamp«. Den Werbespruch hatte ihm Enzensberger unfreiwillig geliefert: »Die ›edition suhrkamp‹ leistet sich Luxus und Leidenschaft einer Linie.«

Es ist nicht neu, aber man muß es hier noch einmal sagen:

Die Ideen und Anschauungen jener, die man der Bewegung von 1968 zurechnet, stammten weitgehend von den Denkern der »Frankfurter Schule« und somit aus den Büchern des Suhrkamp Verlags, zumal aus der leicht erschwinglichen »edition suhrkamp«. Die schmucken und farbigen Bändchen waren mehr als Pflichtlektüre einer ganzen Generation von Intellektuellen – sie dienten auch als Dekorationsgegenstände in den Wohnungen aller, die mit der Zeit Schritt halten wollten.

Die Impulse, die von Unselds Verlagen ausgingen, haben das geistige Leben der Bundesrepublik auf unvergleichliche Weise angeregt und bereichert. Darüber hinaus vermochten sie die ästhetischen Vorstellungen des Publikums zu prägen. In dem höchst instruktiven, doch leider unter Ausschluß der Öffentlichkeit erschienenen Band »Der Marienbader Korb« berichtet Unseld über die graphische Ausstattung der Bücher in seinen Verlagen. Hier findet sich der Satz: »1963 leitete das 48farbene Spektrum der ›edition suhrkamp‹ eine neue Phase der Umschlaggestaltung in unserem Jahrhundert ein.«[3] Eine kühne Behauptung. Nur fragt sich, ob sie übertrieben ist.

Die neue Ära hatte schon kurz vorher begonnen: 1960 mit dem Umschlag zu Walsers »Halbzeit«. Wir wollen es nicht vergessen: das graphische Gesicht der Suhrkamp- und Insel-Bücher hat Willy Fleckhaus geschaffen. Aber es war Unseld, der ihn, den man damals kaum kannte, zur Mitarbeit eingeladen hat: Er scheint sofort erkannt zu haben, daß für die Verwirklichung seiner Vision vom modernen Buch Fleckhaus der ideale Partner war. Übrigens kann sich Unseld nicht beklagen: Die Umschläge seiner Verlagsprodukte haben in der Bundesrepublik außergewöhnliche Anerkennung gefunden – sie wurden und werden von Hunderten von Graphikern und Verlegern nachgeahmt.

Die Lust am Buch, die sich beinahe der Wollust nähert, und die unverwüstliche, geradezu jugendliche Passion für die Literatur – das sind die Elemente, die sein Leben bestimmen. In Unselds Buch »Der Autor und sein Verleger« (1978), in dem er über seinen Beruf nachdenkt und so unterhaltsam wie belehrend die Beziehungen Rilkes und Brechts, Robert Walsers und Hermann Hesses zu ihren Verlegern untersucht, in diesem Buch taucht refrainartig der Satz auf: »Literatur ist immer das, was Autoren aus ihr machen.«[4] Eine banale Feststellung? Gewiß, aber er meint es ernst: Dies ist das Credo, das seinen beruflichen Alltag reguliert. Er hat immer Zeit für seine Autoren, mit vielen von ihnen verbindet ihn eine jahrelange Freundschaft. Sie wissen, sie können sich auf ihn verlassen. Wenn er über ihre neuesten Manuskripte berichtet, gerät er sofort in Begeisterung. Unseld plädiert nicht nur für seine Schützlinge, er bekennt sich zu ihnen: Mehr als das Argument liebt er die leidenschaftliche Deklaration und das beschwörende Bekenntnis.

Zu seinen bewundernswerten Tugenden gehört eine, die mit seinem stürmischen Temperament im Widerspruch zu stehen scheint: Unselds nahezu grenzenlose Geduld im Umgang mit den Schriftstellern. Sie hat ihren Ursprung nicht anderswo als in seinem Respekt vor der literarischen Leistung, vor dem Talent. Als Uwe Johnson in eine fatale Krise geraten war, jahrelang keinerlei Termine mehr einhielt und offensichtlich nicht mehr imstande war, seine Tetralogie »Jahrestage« zu vollenden, da gab es in Deutschland nur einen einzigen Menschen, der nicht aufhörte, an ihn zu glauben: Ihm, Unseld, ist es zu verdanken, daß sich Johnson auf dem letzten Abschnitt seines Lebens doch noch den vierten (und besten) Band der »Jahrestage« abgetrotzt hat. Nie hat Unseld Autoren, deren Produktivität unterbrochen oder gar versiegt war, seine Hilfe verweigert, immer wieder hat er die Bücher noch unbekannter Schriftsteller in sein Programm aufgenommen. Daß es in den letzten Jahren oft enttäuschende Debüts waren, hat mit der Qualität der deutschen Literatur von heute zu tun.

Von gelegentlichen Fehlschlägen läßt er sich nicht beirren, sie können seine Risikobereitschaft nicht mindern: Während die Kritiker über diesem oder jenem Buch den Kopf schütteln oder drohend die Stirn runzeln, ist er längst dabei, neue Ziele anzupeilen. Es ist nicht lange her, da hat er noch einen Verlag gegründet: den »Deutschen Klassiker Verlag«, der demnächst – die ersten Bände sind schon für 1985 angekündigt – sämtliche deutschen Klassiker in einheitlichen und mustergültigen Editionen auf den Markt bringen soll. Ein gigantisches Vorhaben. Wird das gut gehen? Sicher ist: Wenn es jemanden gibt, der einen so ehrgeizigen Plan realisieren kann, dann nur Unseld.

Aber wie bisweilen ein Dirigent sich während der Probe von dem Konzertmeister die Violine reichen läßt, um dem Orchester eine bestimmte Passage vorzuspielen (und es vielleicht nur deshalb tut, weil er zeigen möchte: das kann ich auch und immer noch), so unterbricht auch Unseld mitunter seinen Lauf von Autor zu Autor, von Buch zu Buch, um sich auf jene stille und mühselige Wissenschaft zu besinnen, die man Philologie nennt: Vor einigen Jahren zum Beispiel hat er eine solide und gründliche Interpretation des heiklen Goethe-Poems »Das Tagebuch« und der Beziehungen Rilkes zu Goethe und ganz besonders zu ebendiesem Poem veröffentlicht.

Unseld verfügt über viel Macht. Doch wir alle, die wir uns das Leben ohne Literatur nicht vorstellen können, haben den Nutzen davon. Er ist ein Verleger, wie es ihn noch nie in Deutschland gegeben hat. Wer ihn näher kennt, der weiß, daß er, der Robuste, der Dynamische, der Tatkräftige, in Wirklichkeit empfindlich und verletzbar ist. Wie die meisten starken und von Erfolg verwöhnten Männer sehnt auch er sich insgeheim nach menschlicher Wärme, nach Freundschaft und herzlichen Gefühlen. Anerkennung und Bewunderung genügen ihm nicht, er möchte auch geliebt werden: von Frauen und Männern, von Autoren und Kritikern, von Buchhändlern und Buchkäufern und sogar von seinen Konkurrenten, den Verlegern, kurz: von allen. Und das gebührt ihm: Herzlichkeit, Dankbarkeit und auch Liebe.

Kleists »Anekdote aus dem letzten preußischen Krieg« endet mit den Worten: »So einen Kerl . . . habe ich zeit meines Lebens nicht gesehen.«   (1984)

SIEGFRIED LENZ,
DIE EIN-MANN-PARTEI

Zwei Jubiläen gilt es heute zu feiern, zwei Ereignisse, über die nachzudenken lohnt. Zunächst einmal: Der Geschichtenband »So zärtlich war Suleyken« von Siegfried Lenz, 1955 erschienen, hat allein als Taschenbuch, das es seit 1960 gibt, eine Auflage von einer Million erreicht. Das andere, bestimmt nicht weniger wichtige Jubiläum: Vor genau dreißig Jahren begann mit dem Roman »Es waren Habichte in der Luft« der schriftstellerische Weg von Siegfried Lenz. In diesen dreißig Jahren wurde Lenz einer der populärsten Erzähler der Gegenwart, einer der erfolgreichsten Autoren der Nachkriegsliteratur, wenn nicht überhaupt der deutschen Literatur unseres Jahrhunderts.

Aber jeder große Erfolg ruft geradezu automatisch skeptische und oft genug auch boshafte Reaktionen hervor. »Die Bestätigung eines Künstlers«, meinte 1961 eben jener, den wir heute feiern, »liegt nicht im Erfolg – der Erfolg ist manchmal nur ein Mißverständnis –, sondern im Argwohn, im Mißtrauen, das ihm entgegenschlägt.«[1] In dieser Hinsicht kann sich allerdings Siegfried Lenz nicht beklagen. Unablässig, ja hartnäckig haben auch Argwohn und Mißtrauen seine literarische Laufbahn begleitet.

Ging das denn alles mit rechten Dingen zu? Wurde dieser gewaltige Erfolg vielleicht mit nicht ganz ehrenwerten Mitteln erkauft, mit Zugeständnissen etwa an einen möglicherweise dubiosen Publikumsgeschmack? So fragten vor allem die Leute vom Fach, die Literaten. Es sind ja die Schriftsteller, wie wir alle wissen, ungewöhnlich hochherzige Menschen. Stets haben sie Verständnis für ihre schreibenden Kollegen, großzügig sind sie bereit, ihnen alles zu verzeihen – nur nicht den Erfolg.

Liest man heute die Kritiken, die im Laufe der dreißig Jahre über die Bücher von Lenz geschrieben wurden, dann muß man bisweilen an die Situation denken, in der sich der Narr aus dem »König Lear« befindet. »Deine Töchter« – beschwert sich dieser gar nicht heitere Narr beim König – »wollen mich peitschen lassen, wenn ich die Wahrheit sage; du willst mich peitschen lassen, wenn ich lüge; und zuweilen werde ich gepeitscht, wenn ich's Maul halte.« So hat man Lenz vorgeworfen, seine ernsthaften Bücher seien allzu ernsthaft und schwergewichtig, wenn nicht gar feierlich; an seinen humoristischen Geschichten wiederum beanstandete man, daß sie allzu leichtgewichtig und offenbar auch zu heiter seien. Und manche verübelten seinen Büchern ganz einfach die Publikumswirksamkeit. Auf eine unmittelbare Diskussion mit seinen Kritikern hat sich Lenz nie eingelassen. Gleichwohl hat er ihnen auf seine Weise immer wieder geantwortet – nämlich mit seinem jeweils nächsten Buch. Und ob es mehr oder weniger bedeutende Arbeiten wurden – stets zeigte es sich, daß er nicht der Mann ist, den Rückschläge und Niederlagen beirren und den Erfolge und Triumphe verderben können.

Wie war denn das mit der »Deutschstunde«? An den Erfolg dieses Romans wollte ja zunächst niemand recht glauben. Aber es dauerte nicht lange und das Buch erfreute sich einer Beliebtheit, die manchen zu seinem Ernst im Widerspruch zu stehen schien. Jedenfalls erreichte die »Deutschstunde« allein in deutscher Sprache eine Auflage von über 1,7 Millionen Exemplaren und wurde in nicht weniger als 24 Sprachen übersetzt. Warum denn eigentlich? Eine kluge Kollegin hat mich neulich belehren wollen: Das Buch sei eben im richtigen Augenblick erschienen. Man habe damals, 1968, einen Roman über das Leben im »Dritten Reich« dringend gebraucht. Der Autor der »Deutschstunde« sei diesen Bedürfnissen und Erwartungen rechtzeitig nachgekommen. Das vor allem erkläre das ungewöhnliche Echo.

Es ist eine alte Geschichte: Man versucht, einen großen Erfolg nicht auf das Buch selber, also auf die literarische Leistung zurückzuführen, sondern auf irgendwelche äußeren Umstände, auf eine angeblich günstige Konjunktur oder gar auf eine Mode, die sich Lenz rasch zunutze gemacht haben soll. Davon ist, zumindest wenn es um die »Deutschstunde« geht, kein Wort wahr. Würde dieser Befund meiner so gescheiten Kollegin zutreffen, dann wäre es nicht so schwer, Bestseller zu verfassen. Es genügte ja, mit Hilfe einer entsprechenden Umfrage zu erkunden, was die Leute lesen wollen – und dann bräuchte man es nur noch zu schreiben. Alle Verleger würden es so machen und unzählige Autoren würden diesen doch bequemen Weg ebenfalls gern wählen.

Aber gute Schriftsteller laufen niemals den Lesern nach, vielmehr zwingen sie die Leser, ihnen zu folgen. Man vergißt oft, daß man gerade in den Jahren 1968 und 1969 in der Bundesrepublik viel zu sehr mit der unruhigen Gegenwart beschäftigt war, als daß man sonderlich begierig gewesen wäre, einen langen Roman über Deutschland in der Zeit des Zweiten Weltkrieges zu lesen. Dennoch siegte die »Deutschstunde« auf Anhieb. Eine ganze Generation vermochte sich in der Geschichte des jungen Siggi Jepsen wiederzuerkennen, in diesem epischen Lehrstück über deutsche Pflichtauffassung und ihre Folgen. Die Bedürfnisse des Publikums? Gewiß, sie spielten hierbei schon eine wichtige Rolle. Doch darf man behaupten, daß Lenz sie gar nicht kannte, ja sie nicht kennen konnte. Denn er hatte nicht bereits vorhandene Bedürfnisse befriedigt, sondern diese mit seinem Buch erst einmal geweckt, bewußt gemacht und gesteigert.

Eine Mode? Nun ja, mit der hat das Ganze auch zu tun, aber in einem ganz anderen Sinne, als mißgünstige Kollegen meinten und mitunter immer noch glauben. Man hüte sich, es zu übersehen: Die vielen deutschen Romane, die die Zeit des »Dritten Reiches« und des Krieges aus der Sicht von nachdenklichen Halbwüchsigen abhandeln, sind erst später, in den sieb-

ziger Jahren entstanden. Mit anderen Worten: Die »Deutschstunde« war nicht das Produkt einer Mode, vielmehr hat sie
eine Modewelle ausgelöst, die sich überdies als ziemlich dauer-
haft erwies und deren Ende noch gar nicht abzusehen ist.

Freilich hat es Lenz immer schon verpönt, Bücher *gegen* das
Publikum zu schreiben. Als er 1962 den Literaturpreis der Stadt
Bremen entgegennahm, distanzierte er sich entschieden von
manchen seiner schreibenden Kollegen, zumal von den nicht
wenigen Generationsgenossen, die um jeden Preis den Leser
schockieren wollten. Spöttisch äußerte er sich über jene Autoren, denen es offenbar darauf ankam, »die Wonnen der Brüs-
kierung« zu genießen. Lenz hingegen strebte und strebt nach
wie vor den »wirkungsvollen Pakt mit dem Leser« an.[2] Ein
Schriftsteller – sagte er später in einem Interview – sei »eine
Ein-Mann-Partei, die für die eigenen Manifeste, Überzeugungen, Programme möglichst viele Gleichgesinnte zu werben
versucht«.[3] Nicht nur das *deutsche* Publikum hat den angebote-
nen Pakt dankbar akzeptiert: Millionen sind der Ein-Mann-
Partei beigetreten und haben es offensichtlich nie bedauert. So
wurde Siegfried Lenz Deutschlands erfolgreichste Partei.

Das erste Buch, das ihm eine so überwältigend große Leser-
schaft sicherte, war der Band mit den Suleyken-Geschichten.
Fragen wir offen: Was ist denn von der gesamten deutschen
Literatur der fünfziger Jahre heute noch lebendig geblieben?
Einige Titel lassen sich schon nennen, viele sind es leider nicht.
Aber wie klein ihre Zahl auch sein mag, der Band »So zärtlich
war Suleyken« gehört bestimmt dazu.

Damit scheint kein einziger der Kritiker, die 1955 über dieses
Buch schrieben, auch nur im entferntesten gerechnet zu haben.
Übrigens urteilten sie meist freundlich und wohlwollend, wenn
auch zurückhaltend: Zwar lobte man die überaus anschauliche,
von der gesprochenen Rede und von der masurischen Mundart
geformte Sprache der Suleyken-Geschichten, war indes eher
geneigt, diese schalkhaften Idyllen, diese farbigen Genrebilder
als harmlose epische Marginalien abzutun. Immerhin wurde

dem Autor Lenz der Rang eines volkstümlichen Humoristen zuerkannt. Das war allerdings ein etwas zweifelhaftes Kompliment, gewissermaßen ein Danaer-Geschenk.

Sonderbar, sehr sonderbar. Wer ist eigentlich hierzulande gegen den Humor? Niemand. Um keinen Preis der Welt möchte sich jemand nachsagen lassen, er habe keinen Sinn für Humor und sei somit ein Spielverderber. Doch möchte kein Schriftsteller als Humorist gelten. Bei diesem Wort denkt man in Deutschland sogleich an Eugen Roth, einen Autor also, der zwar erfolgreich war, den aber die Literaturkritik so gut wie nie wahrgenommen hat, vielleicht auch an den Bayern Ludwig Thoma und natürlich noch an Wilhelm Busch, an die »Fromme Helene« etwa oder an »Max und Moritz«. Satiriker – das klingt wenigstens aggressiv, Ironiker – das hat schon einen unüberhörbaren Stich ins Vornehm-Intellektuelle. Humoristen hingegen, gar volkstümliche, hält man für gutmütige und lauwarme, meist eher brave und schlichte Spaßmacher, denen man schon deshalb ohne Risiko zunicken kann, weil sie – so meinen viele – nicht auf die Idee kommen, uns zum Nachdenken zu zwingen, uns also zu beunruhigen und zu stören.

In der Tat sind die Suleyken-Geschichten beschaulich, doch weder bieder noch arglos. Populär sind sie, aber frei von Volkstümelei. Man mag sie hier und da als schwärmerisch empfinden, doch sentimental sind sie nicht. Im Nachwort zu diesem Buch verwahrte sich Lenz gegen ein damals, 1955, offenbar naheliegendes Mißverständnis: Nicht einen »schwermütigen Sehnsuchtsgesang« habe er schreiben wollen, sondern eine »aufgeräumte Huldigung an die Leute von Masuren«. Die Geschichten seien nicht mehr und nicht weniger als »zwinkernde Liebeserklärungen« an seine Heimat.

Diese Formulierungen wurden oft zitiert und offenbar nie ganz ernst genommen, jedenfalls – und das ist bemerkenswert – niemals kommentiert. War es denn so selbstverständlich, daß hier einer zwar von der Liebe zu seiner Heimat sprach, doch von Sehnsucht nichts wissen wollte? Ausdrücklich erklärte

Lenz, dieses Suleyken habe es natürlich »nie und nirgendwo gegeben«. Viel hat der wichtige Hinweis nicht bewirkt. Denn 1955 wollte man den Geschichtenband unbedingt als ein Buch des Abschieds lesen – eines wehmütigen Abschieds von einer nicht mehr existierenden Welt. Und vielleicht war es zehn Jahre nach dem Krieg gar nicht möglich, »So zärtlich war Suleyken« anders zu verstehen.

Heute indes wollen bei der Lektüre dieser Kurzgeschichten und Skizzen Wehmut und Abschiedsstimmung nicht mehr aufkommen. Heute läßt sich leichter erkennen, daß Lenz keineswegs beschworen hatte, was untergegangen war. Wohl aber war es ihm geglückt, zahlreiche Elemente und Motive seiner masurischen Heimat verwendend und paraphrasierend, ein eigenes Universum zu schaffen. Nicht Vineta heißt also das Stichwort, sondern Seldwyla.

Mit genießerischer Umständlichkeit und freilich auch mit zärtlicher Genauigkeit erzählt er hier von komischen und lächerlichen Menschen, von allerlei Käuzen und Sonderlingen und von ihren wunderlichen Abenteuern. In diesen Geschichten siegt der Schwache gegen den Starken, das Kleine wird gegen das Große ausgespielt. Und wo ein David einem Goliath gegenübersteht, da kann man sicher sein, daß Lenz nicht auf der Seite des Mächtigen sein wird. Aber die einen und die anderen sieht er, wie es im »Hamlet« heißt, »mit einem heitern, einem nassen Aug'«. Denn wie lustig und schnurrig diese Prosastücke auch sein mögen, ihren Untergrund bilden die rührend-einfachen Sätze, die Lenz in einer der Suleyken-Geschichten, in dem »Duell in kurzem Schafspelz«, einen naiven Briefträger sagen läßt: »Niemand bleibt auf dieser Welt verschont... Es ist, Gevatterchen, ein einziges Leiden in dieser Welt.«

In der guten Literatur wird das Heitere immer vom Düsteren bedroht und das Düstere stets mit dem Heiteren relativiert. Wir wissen es längst: Im Grunde sind alle Komödien auch traurig und alle Tragödien auch komisch. Im fünften Akt des »Revisor« von Gogol, als sich herausstellt, daß der abgereiste Chlestakow durchaus kein Revisor war, nur ein gerissener Betrüger, einer, dem es gelingen konnte, die ganze Stadt durcheinanderzubringen und übers Ohr zu hauen, da hat der Stadthauptmann zum Schaden auch noch den Spott: Er wird von seinen Leuten unbarmherzig ausgelacht. Es ist eine alte Tradition des russischen Theaters, daß der Schauspieler, der im »Revisor« diesen Stadthauptmann spielt, die Antwort nicht an seine ihn verspottenden Partner auf der Bühne richtet, sondern an die Rampe tritt und sich jetzt an das Publikum wendet. Er spricht die unvergeßlichen Worte: »Über wen lacht ihr denn? Ihr lacht über euch selbst.«

Auch wir, die Leser der Suleyken-Geschichten, lachen letztlich über uns selbst. Die Eigenart des Humors, der dies erreicht, hat keiner besser definiert als Siegfried Lenz selber. Der masurische Humor zeige sich – schrieb er in einer fast wissenschaftlich anmutenden Abhandlung aus dem Jahre 1965 – »in seiner Wurzel als ein Zustand der Dankbarkeit fürs Leben«. Er sei »eine Aufforderung zur Nachsicht mit der Welt, mit den Leuten«.[4]

Das gilt für das Buch »So zärtlich war Suleyken«, diese menschliche Komödie im Miniaturformat. Und das gilt ebenso für das ganze Werk von Siegfried Lenz. Seit dreißig Jahren bewährt er sich als ein Mann nicht nur der Phantasie und des Humors, sondern auch der Einsicht und des Ausgleichs. Es gibt, wir brauchen es nicht zu verheimlichen, nur sehr wenige Schriftsteller in diesem Land, denen man derartiges ohne Abstriche nachrühmen kann. Zugleich vermag Siegfried Lenz, was man nicht hoch genug einschätzen kann: Er bringt uns zum Lachen.

Aber ist denn das Lachen so wichtig? Und weshalb eigentlich? Der Major von Tellheim sagt einmal: »Sie wollen lachen, mein Fräulein. Ich beklage nur, daß ich nicht mitlachen kann.« Das Fräulein von Barnhelm antwortet ihm: »Warum nicht, was haben Sie denn gegen das Lachen? Kann man denn auch nicht lachend sehr ernsthaft sein? Lieber Major, das Lachen erhält uns vernünftiger als der Verdruß.«   (1981)

Martin Walser zu rühmen, bin ich bestellt. Martin Walser zu loben, bin ich, glaube ich, berechtigt und vielleicht sogar berufen – und nicht obwohl, sondern eben weil ich ihn oft auch getadelt habe. Unser täglich Lob gib uns heute – so lautet das heimliche Gebet der Schriftsteller und übrigens auch der Kritiker. Viele Arten des Hungers kennt man und irgendwie und irgendwann läßt sich jeder stillen – auch der Hunger nach Liebe, nach Macht. Nur dieser nicht. Ja, es ist gerade umgekehrt: Je mehr man von der begehrten Speise bekommt, desto mehr ist man ihrer bedürftig: Je berühmter ein Schriftsteller, desto größer seine Gier nach Ruhm. Der Erfolgreiche will in der Regel noch erfolgreicher sein.

Vor dem alten Goethe verneigte sich die zivilisierte Menschheit. Als aber sein Roman »Die Wahlverwandtschaften« in einer kleinen Provinzzeitschrift, in dem »Morgenblatt für gebildete Stände«, respektvoll gewürdigt wurde, da hat Goethe, ungeachtet der Tatsache, daß das »Morgenblatt« bei seinem Verleger Cotta erschien, sich nicht geniert, auf eigene Kosten einen Sonderdruck dieser Kritik anfertigen zu lassen und ihn an seine Freunde zu verschicken: Alle sollten erfahren, daß man ihn lobt.

Thomas Mann war ebenfalls längst weltberühmt, und doch fürchtete er sich so sehr vor unfreundlichen Kritiken seiner Bücher, daß er seinen Verleger Bermann Fischer bat, ihm nur diejenigen zuzusenden, von denen anzunehmen sei, daß sie ihm nicht auf die Magennerven gehen würden. Erreichte ihn dennoch eine ungünstige Rezension – und sei es aus der kleinsten

Provinzzeitung –, dann legte er sich prompt ins Bett und ballte die Faust unter der Bettdecke. Aus lobenden Kritiken hingegen kopierte er in seinem Tagebuch ganze Abschnitte. Und waren keine positiven da, dann notierte er, er habe von einem Leser aus Afghanistan einen doch sehr netten Brief erhalten.[1]

Das Urbild aller Schriftsteller sei – sagt Martin Walser – der ägyptische Hirte Psaphon. Denn er hat den Vögeln beigebracht, ihn zu preisen und zu besingen. Und Walser weiß Bescheid: Er kennt die Zunft und also auch die Lächerlichkeit und die Fragwürdigkeit der Schriftsteller und der Kritiker.

In einem seiner schönsten Prosastücke, dem »Selbstporträt als Kriminalroman«, einer Parabel, die sich, fast versteckt, am Ende eines kleinen Bandes mit Aufsätzen und Reden findet und dort wie ein sarkastisches, ein selbstkritisches Fazit wirkt, erzählt er von einem, der »ein harmloses Verbrechen« begangen hat. Wenn jemand auf dieses Verbrechen zu sprechen kommt, es mehr oder weniger freundlich erwähnt, reagiert er sofort überhaus heftig, jedenfalls unverhältnismäßig: Es gibt – schreibt Walser – »nur eine Möglichkeit, ihn zu milderen Reaktionen zu bewegen: man muß ihn hemmungslos loben für sein Verbrechen. Man muß so tun, als sei man von seinem Verbrechen so hingerissen, daß man nur noch stammeln könne. Erst dann lächelt er... Während er so lächelt, bringt er zwar zum Ausdruck, daß es ihm peinlich sei, so gelobt zu werden. Aber man sieht ihm an, daß ihm nichts in der Welt lieber ist als diese Peinlichkeit.«[2]

Walser spottet, aber er spottet sanft und liebevoll. Er schreibt ironisch, doch vielleicht nur deshalb, weil die Geschichte von jenem, der auf das Lob angewiesen ist, ohne Ironie erzählt, allzu schamlos anmuten könnte. Was ist denn das, was wir, oft leichtsinnig, die Eitelkeit des Schriftstellers nennen? Wie, wenn es ein Zeichen vor allem seiner Empfindlichkeit wäre? Sollte etwa hinter dieser immer wieder beanstandeten und verlachten Eitelkeit ganz einfach die Unsicherheit des Künstlers stehen, die nur den kalten Routiniers fremd ist, jenen, die nie die ausgetretenen Pfade verlassen und also nie etwas riskieren wollen? Kann der Schriftsteller ohne Echo, ohne Anerkennung und ohne Lob überhaupt produzieren?

Über Mangel an Echo und an Kritik konnte sich Martin Walser noch nie beklagen. Im Gegenteil: Keines anderen deutschen Schriftstellers hat sich die literarische Öffentlichkeit mit ähnlicher Intensität angenommen. Gewiß, oft wurde er hart und vielleicht sogar unbarmherzig behandelt – ich weiß, wovon ich rede, denn auch ich habe dazu beigetragen –, aber nie ließ die Aufmerksamkeit der Kritik nach, keine seiner Niederlagen blieb etwa unbeachtet. Ja, die seine Arbeiten begutachteten, erinnerten bisweilen an geduldige, fürsorgliche Ärzte, die sich um das Bett eines Patienten scharen – und schon ihren Blicken ließ sich ablesen, daß es sich leider um einen höchst bedenklichen Fall handelt, der aber zugleich auch außerordentlich bemerkenswert ist und keineswegs hoffnungslos scheint.

So wurde Walser der deutschen Kritik liebstes Sorgenkind, ihr schwierigster Schützling. Ihm selber freilich ging diese hartnäckige Betreuung, diese freundliche Überwachung bald auf die Nerven. Aber er konnte und er kann nichts daran ändern. Denn dieses auffallende Interesse der Kritik ist kein Zufall – und es rührt auch nicht von einer Laune her oder gar von einer Grille. Es hat schon mit ihm zu tun, mit seiner Individualität, mit seiner Schreibweise.

Wie manche Frauen, die sich keineswegs anbieten, dennoch, ob sie es wollen oder nicht, wie ein ständiges Angebot durch die Welt gehen, so gibt es auch Schriftsteller – es sind die schlechtesten nicht –, die sich mit jedem ihrer Bücher, mit jedem Theaterstück oder Essay gleichsam nackt präsentieren, die sich immer aufs neue preisgeben und eben damit die Reaktion auf ihr Werk herausfordern und meist auch erleichtern. Unablässig liefert Walser der Kritik Stichworte und Argumente gegen sich selbst, er offeriert ihr weithin sichtbare Angriffsflächen. Er geht nie in Deckung, er arbeitet stets ohne Netz. Aber eine Achillesferse hat er nicht. Dieser Schriftsteller ist ein anatomisches

Wunder – sein Körper besteht aus lauter Achillesfersen. Mit anderen Worten: Er ist überall verwundbar. Das mag seine größte Schwäche sein und zugleich seine größte Stärke. Das ist vielleicht sein Unglück, aber unser, seiner Leser, Glück. Denn Verwundbarkeit bedeutet hier Empfindlichkeit.

Doch ist Walser noch in einer anderen Hinsicht ein wunderlicher Casus. Er stolpert häufig. Schon glaubt man, daß er fällt, daß er auf dem Boden liegt. Aber er steht – und immer höher. Meist sind es Niederlagen und halbe Fehlschläge, die seinen Lebensweg markieren. Indes: er ist nicht nur ein anatomisches, sondern auch noch ein arithmetisches Wunder. Denn Walsers halbe Fehlschläge ergeben einen ganzen Sieg.

Während alle seine Dramen und fast alle seine Romane von der Kritik mit schöner Regelmäßigkeit als Symptome einer offenbar permanenten und unheilbaren Krise gedeutet werden, steigt er immer höher in der Hierarchie unserer Literatur: Er scheitert, und sein Ruhm wächst. Seine Mißerfolge haben ihn gleichsam unterderhand – und sehr zu Recht – zu einem Erfolgsautor gemacht. Seit seinem ersten Buch, dem Erzählungsband »Ein Flugzeug über dem Haus«, ist mehr als ein Vierteljahrhundert vergangen. Doch hat man ihn sehr lange als Anfänger apostrophiert: Man kann nicht wissen, womit er uns noch überraschen wird – trösteten sich die Freunde, hofften die Skeptiker. Längst ist er ein etablierter Schriftsteller, über den man Doktorarbeiten schreibt. Und immer noch ist er ein unberechenbarer Autor. Aber spricht das gegen oder spricht es vielleicht für ihn?

Nun gibt es in Walsers Werk auch gewisse konstante Elemente. Welche? »Wer den Dichter will verstehen, / Muß in Dichters Lande gehen« – lehrt Goethe. Und wer den Walser will verstehen, muß der in südlicher Richtung pilgern? Wohin? Nach Philippsburg oder nach Nußdorf am Bodensee? Den einen Ort, nämlich Philippsburg, den gibt es bestimmt, der ist seit 1957 – damals erschien der Roman »Ehen in Philippsburg« – eine Realität. Aber Nußdorf? Was ist denn das? Laufen da die

Gänse und die Kühe quer über den Weg? Ich fürchte eher, daß es in diesem Nußdorf mehr Tankstellen als Nußbäume gibt.

Doch hat jeder Literat auch eine zweite Heimat, und manch einer hat *nur* diese zweite Heimat. Ich meine die Literatur. Also: Wer den Dichter will verstehen, muß sich sein Bücherregal ansehen, jenes vor allem, auf dem er die Werke seiner Favoriten, seiner Lieblinge aufgestellt hat. Da stehen sie im Nußdorfer Haus friedlich nebeneinander: Franz Kafka und Marcel Proust und Robert Walser.

Auch die Nußdorfer Tankwarte wissen, daß dies sehr unterschiedliche Schriftsteller sind. Trotzdem haben sie etwas miteinander gemein. Robert Walser schrieb einmal knapp und klar: »Ich bin wie in einem Zentrum. Das Leben verdurstet; es lechzt nach mir.«[3] Ja, das ist es wohl: Diese Meister der Prosa unseres Jahrhunderts sehen unentwegt sich selber im Mittelpunkt der Welt, sie machen kein Hehl daraus, sie bekennen ganz offen, daß sie auf eine kaum zu überbietende Weise selbstbezogene, egozentrische Autoren sind. Für sie zerfällt die ganze Welt in zwei Teile: Ich und der Rest. Hier mag – natürlich neben anderen Umständen – jener gemeinsame Nenner sein, der Martin Walser gereizt und fasziniert hat.

Aber darf man sich selber so wichtig nehmen? Ist das denn zulässig? Man darf es nicht nur, man muß es wohl: Wer einem Schriftsteller Egozentrik vorwirft, der kann auch einer Striptease-Tänzerin Schamlosigkeit und Exhibitionismus verübeln. Mit anderen Worten: Die Selbstliebe gehört nun einmal zum Gewerbe. Nur wer sich selber sehr ernst nimmt, der notiert, was er denkt und fühlt, was er sich vorstellt. Schreiben ist immer Selbstverständigung und Selbstverteidigung und letztlich mehr oder weniger unmittelbare Selbstdarstellung.

Erst aus dem Leiden an sich selbst kann Literatur entstehen. Und erst dieses Leiden ermöglicht das Mitleiden mit anderen Menschen – mit jenen in der Umwelt des Autors und mit jenen, die ihnen nachgebildet sind und die seine Bühne bevölkern. Wenn Martin Walser erklärt, daß es eben die Selbstbezo

ist, die den Schriftsteller charakterisiere, und daß die Selbst-
sucht bei ihm »eine nicht nur gestattete, sondern geradezu
gehätschelte Produktionsbedingung«[4] sei – so spricht er auch
und vor allem in eigener Sache.

Schon 1963 schlug er vor: »Schriftsteller als Verhaltensfor-
scher. Gegenstand sind sie selber.« Woraus folgerte: »Der Held
eines neuen ›Don Quichote‹ heiße nicht mehr Don Quichote,
sondern Cervantes.«[5] So ist auch Walsers treffende Formulierung, das Leben Kafkas habe sich in einer »von Prosaspiegeln
umstellten Einzelkämpferarena«[6] abgespielt, insgeheim eine
Selbstcharakteristik. Damit wiederum hängt beides zusammen
– das Bruchstückhafte seines Werks und das Monologische.
Keines seiner Bücher ist für ihn so repräsentativ wie etwa die
»Tauben im Gras« für Wolfgang Koeppen oder »Die Blechtrommel« für Günter Grass. Walsers Romane und Erzählungen, Reden und Essays und sogar seine Theaterstücke – es sind
allemal Fragmente, wenn auch umfangreiche wie »Das Ein-
horn« oder gar nahezu gigantische wie die »Halbzeit«. Zusammen ergeben sie eine lange, eine unvollendete und vielleicht
auch unvollendbare Geschichte.

»Der Roman, woran ich weiter und weiter schreibe, bleibt
immer derselbe und dürfte als ein mannigfaltig zerschnittenes
oder zertrenntes Ich-Buch bezeichnet werden können.«[7] Das
sagte Robert Walser, aber unser Martin Walser zitiert es mit
Sympathie, wenn nicht mit Zustimmung. Denn auch er schreibt
an einem zerschnittenen oder zertrennten Ich-Buch. Es besteht
aus Bruchstücken nicht etwa einer Konfession, sondern weit
eher einer Diskussion. Der hier diskutiert, redet meist mit sich
selber. Das erinnert bisweilen an Nestroys wunderbare Parodie
der »Judith« von Hebbel: Holofernes sagt da, er möchte gerne
sehen, »wer der Stärkere ist, ich oder ich«. So sind Walsers
Bücher Monologe mit verteilten Rollen. Doch nicht zwei Seelen wohnen, ach! in seiner Brust – es sind drei oder vier, wenn
nicht fünf.

könnte den Eindruck erwecken, als habe er – um einen

Titel von Hesse zu zitieren – den »Weg nach innen« gewählt. Bewirkte das Monologische etwa eine weltfremd-intime Literatur, gar eine mit innerlichen Tönen? Nichts trifft weniger zu. Denn Walser, mit außergewöhnlicher Reizbarkeit begnadet und geschlagen, ist wie ein Medium, in dem sich vieles spiegelt und bricht. Er gleicht, könnte man vielleicht sagen, einer Äolsharfe, die der Wind der Zeit und der Zeitgeschichte immer aufs Neue zum Klingen bringt. Wem dieses Bild allzu poetisch scheint, der stelle sich statt einer Harfe eine Antenne vor, eine hochempfindliche, die freilich nicht alle Wellen gleich gut empfangen kann.

Aber ob Harfe oder Antenne – passiv mutet es allemal an. Und eine nur passive Rolle konnte Walser nie genügen. Sein erstes Buch, 1955 erschienen, endet mit dem Satz: »Ich kann das nicht ändern.« Was natürlich heißen soll: Ich möchte es ändern, wenn ich es nur könnte. Doch war sein politisches Engagement in diesen Jahren eher zurückhaltend. Er war Antifaschist. Aber wer war das im damaligen Deutschland nicht? Er gehörte zu jenen, die zwar der bestehenden Ordnung in der Bundesrepublik Deutschland mißtrauten, ja sie mißbilligten, indes nicht sicher waren, wie eine neue Ordnung denn aussehen sollte. Gesellschaftliche Rezepte waren ihnen verdächtig und alle Dogmen verhaßt. Und in der Literatur? Natürlich strebten die Vertreter dieser Generation die moralische Wirkung der Literatur an. Nur waren es Moralisten ohne Kodex, Engagierte ohne Programm.

Die freischwebende Position, ganz ohne Bindung, war ihnen schließlich doch nicht recht. Der Sammelband »Alternative«, 1961 von Martin Walser herausgegeben, dokumentierte seine – und auch einiger anderer Schriftsteller – Hinwendung zur SPD. Das schien ihm damals die einzige politische Kraft, an die sich reale Hoffnungen knüpfen ließen. Mit der SPD wollte er sich wenigstens teilweise identifizieren. Aber es hat nicht sollen sein, vorerst jedenfalls nicht. Aus der kleinen Hoffnung wurde eine große Enttäuschung, nicht nur für Walser – mit

dem Stichwort »Vietnam-Krieg« ist manches, ist vieles angedeutet.

Was tun? Schmollen oder gar resignieren? Das wollte Walser
nicht, gerade jetzt, meinte er, müsse man zu wirken versuchen.
Nicht im Tessin hatte er sich sein Haus gebaut, sondern am
Bodensee, also am Rande der Bundesrepublik, doch noch innerhalb ihrer Grenzen. An ihrer Veränderung sollte weitergear-
beitet werden, wenn auch eben vom Rande her – vom Rande
des politischen Lebens. Dort gab es eine kleine Partei, die mit
radikalen Rezepten aufwarten konnte und ein kühnes, ein
umfassendes Programm anbot. Mit einer universalen Ideologie
schienen die Probleme dieser Welt lösbar – und dabei berief
man sich noch auf große deutsche Denker, auf Marx und Engels
und von weitem auch auf den preußischen Schwaben, auf
Hegel.

Diese kleine Partei – halb zog sie ihn, halb sank er hin, doch
war es keineswegs um ihn geschehn. Aus dem Flirt wurde ein
Verhältnis, aber nicht eine Ehe: Er ist der kleinen Partei nie
beigetreten. Schon die Liaison galt als anstößig genug. In ganz
Deutschland sprach man darüber, selten nachsichtig, meist mit
gerunzelter Stirn und mit drohend erhobenem Zeigefinger.
Wieder einmal hatten sich die Ärzte um das Bett des Patienten
Walser geschart, wieder schüttelten sie nachdenklich den Kopf.
Allerlei hatte er in dieser Partei und ihren Kampf investiert,
große Illusionen zumal. Nichts konnte ihn entmutigen: Er hielt
wortgewaltige Reden, schrieb politische Artikel, erteilte provo-
zierende Interviews. Manches kann man in seinem Buch »Wer
ist ein Schriftsteller« nachlesen – und es ist eine überaus beleh-
rende Lektüre.

Aber Walser, von des Gedankens Blässe angekränkelt und
von des Zweifels Bitterkeit beunruhigt, ist doch nicht der Typ
des Propaganda-Redners oder gar des Agitators. Er eignet sich
nicht, den Bannerschwinger zu machen. Hier hatte einer seine
Rolle zu wechseln versucht. Ein Hamlet, verzweifelt, daß die
Welt aus den Fugen zu geraten drohte, wollte sich als Fortin-

bras bewähren. Nein, das konnte nicht lange dauern. Bald wurde ihm von jenen, denen er sich angeschlossen hatte, vorgeworfen, er sei eben doch ein »kleinbürgerlicher Schwärmer«. Dies allerdings war gar nicht so falsch.

Natürlich ist Walser ein Kleinbürger – wie fast alle unsere Schriftsteller, wie Böll und Grass, Lenz und Rühmkorf, Kunert und Sarah Kirsch. Der Adel und das Großbürgertum haben zur deutschen Literatur unserer Tage nur sehr wenig beigetragen. Und ein Schwärmer? Das wäre ja noch schöner, wenn den Dichtern nicht erlaubt wäre zu schwärmen. Merkwürdig: Gerade jene, die unaufhörlich die Vokabel »Utopie« gebrauchen und mißbrauchen, verurteilen Utopisten, wenn ihnen deren Vorstellungen nicht ganz behagen. Und mit Utopie hatte Walsers politischer Seitensprung, dieser schwierige Flirt, doch viel zu tun. Das war, alles in allem, eine etwas traurige, keineswegs aber eine tragische Geschichte. Sie mag bisweilen ein wenig komisch gewesen sein, doch lachen kann man über sie nicht. Daraus ist geworden wie immer bei Walser: eine zeitkritische, eine erlebte Parabel, die noch geschrieben werden will.

Aber wie war das eigentlich in diesen Jahren des intensiven und militanten Engagements um Walsers Liebe zu seinen literarischen Favoriten bestellt? Man stelle es sich einmal vor: Robert Walser leitet eine politische Kundgebung in Basel. Franz Kafka spricht auf dem Wenzelsplatz zu dem Volk von Prag. Marcel Proust marschiert an der Spitze einer Demonstration auf den Champs Elysées. Nein, das mutet schon absurd an. Diese Schriftsteller waren so sehr von den Schwierigkeiten mit sich selbst in Anspruch genommen, daß sie weder Lust noch Zeit hatten, sich Gedanken über die Veränderung der Welt zu machen.

Natürlich behielten sie ihren Ehrenplatz auf dem Spezialregal in Walsers Nußdorfer Hütte. Aber daneben standen nun auch die Bücher eines, der auch nicht gern in Demonstrationszügen marschierte, doch immerhin schöne Lieder für die Marschierenden verfaßte: Bertolt Brecht. 1974 schrieb Walser,

Brecht sei »ein Mitarbeiter an dem größten Projekt, das Menschen haben können: an der Geschichte.«[8] Der Schriftsteller, das wünschte Walser eindeutig, habe unbedingt an diesem Projekt mitzuarbeiten.

Und wie ist es mit Proust? Walser weiß sehr wohl, daß Proust – er schrieb es gerade jetzt in der »Neuen Rundschau« – fasziniert war von der Aristokratie, »wie der Verdurstende von einem grün gleißenden Moospolster, das aussieht, wie mit Wasser gefüllt«. Und er rühmt »Die Suche nach der verlorenen Zeit«: »Der Roman als die Geschichtsschreibung des Alltags, mein Traum, da war er realisiert. Die Leidenschaft für das Gesellschaftliche, weil es *die* Erscheinungsform des Geschichtlichen ist« – das eben bedeutet für ihn Proust.[9]

Vorsicht, hier wird ja gezaubert. Brecht und Proust – plötzlich sind sie vereint unter einem Hut: der eine arbeite an der Geschichte der Menschheit, der andere liebe das Gesellschaftliche und sei, die Geschichtsschreibung des Alltags liefernd, auch irgendwie an dem größten Projekt der Menschheit beteiligt. Was geht hier vor? Was verbindet denn die beiden, den Brecht und den Proust? Nur eins: die literarische Qualität. Und hier finden wir des Martin Walser schwächste Stelle: Er ist bestechlich, nämlich durch Qualität. Aber damit ist es wie mit seiner Verwundbarkeit: Auch diese Schwäche erweist sich letztlich als seine Stärke.

In der »Romantischen Schule« zitiert Heine den Anfang des »Ofterdingen« von Novalis, jene Sätze, wo von einem Jüngling die Rede ist, der sich nicht nach irgendwelchen Schätzen sehnt, sondern nach einer blauen Blume: »Sie liegt mir unaufhörlich im Sinne und ich kann nichts anders dichten und denken.« Heine spricht von diesem Roman respektvoll, ja zärtlich. Doch vorher hatte er sich über Novalis eher skeptisch geäußert: Er schwebe »mit seinen idealischen Gebilden« immer in der blauen Luft. Das erinnert Heine an den Riesen Antäus, der stark blieb, »wenn er mit dem Fuße die Mutter Erde berührte« und der seine Kraft verlor, sobald ihn Herkules in die Höhe hob. So sei auch – sagt Heine – »der Dichter stark und gewaltig, so lange er den Boden der Wirklichkeit nicht verläßt, und er wird ohnmächtig, sobald er schwärmerisch in der blauen Luft umherschwebt.«[10]

Vor zwanzig Jahren hätte ich ohne zu zögern Heine zugestimmt. Auch heute meine ich, es sei gut, wenn der Dichter auf dem Boden der Wirklichkeit steht. Jetzt indes will es mir scheinen, daß man es nicht so streng verurteilen sollte, wenn er es sich mitunter erlaubt, ein wenig in der Luft umherzuschweben. Wer weiß, ob sich nicht unsere Wirklichkeit gelegentlich auch von dort ganz gut erkennen läßt. Und vielleicht sieht der, der auf den Boden zurückgekehrt ist, unsere Welt genauer und schärfer denn je. Wie auch immer: Gesucht wird die blaue Blume. Aber von wem rede ich denn jetzt? Von Heine? Oder. von Martin Walser? Oder etwa von beiden zugleich?

(1981)

GÜNTER KUNERT, DER DICHTER
DES ZWECKLOSEN UND SINNVOLLEN

Partir, c'est mourir un peu; abreisen, das bedeutet immer auch ein wenig sterben.[1] An diesen französischen Befund mag Günter Kunert gedacht haben, als er im Oktober 1979, von der Mark Brandenburg nach Schleswig-Holstein ziehend, die Grenze zwischen der Deutschen Demokratischen Republik und der Bundesrepublik Deutschland überquerte. Was sich hier abspielte, war ungleich mehr als ein Umzug, mehr als ein Abschied. Wie sollte man es nennen? Vielleicht: ein Abtötungsverfahren. So jedenfalls hat Kunert seinen ersten nach jener Grenzüberschreitung veröffentlichten Gedichtband betitelt, einen Band, der eine Anzahl noch in der DDR geschriebener Gedichte mit den schon im Westen entstandenen verbindet.[2]

Aber was ist denn mit der Vokabel »Abtötungsverfahren« gemeint? Da alles, was entsteht, abstirbt und zugrunde geht, kann man dieses beinahe bürokratisch anmutende Wort als ein düsteres und makabres Bild für die Vergänglichkeit des Daseins begreifen: Leben wäre also ein einziges Abtötungsverfahren, dem wir alle fortwährend ausgeliefert sind. Doch kann man den Titel auch anders deuten, ihm einen weniger passiven Sinn geben. Das Abtötungsverfahren wäre dann nicht ein Prozess, dem wir unausweichlich unterworfen sind, sondern einer, den wir selber in Gang setzten: Abtötung somit als Beseitigung von Vergiftetem, von Krankheitserregern, als Heilung und Regeneration.

Wie immer Kunert den Titel dieser Gedichtsammlung verstanden wissen wollte, seine Verse erfüllen beide Funktionen: Sie machen uns die unentwegte und unvermeidbare Abtötung bewußt und sie beabsichtigen und bezwecken zugleich jene Abtötung, die um des Lebens willen notwendig ist. Dies gilt wohl auch für Kunerts Schritt im Oktober 1979, für seinen Abschied von der DDR. Da war für ihn etwas abgestorben, und da hat er etwas abgetötet. In dem Gedicht »Platzwechsel«, der den Band »Abtötungsverfahren« eröffnet, ist von den Kisten die Rede, in denen dem umgesiedelten Dichter »die Vergangenheit folgte / bruchsicher verpackt«. Nicht eine Erinnerung, räumt er ein, sei beschädigt, »aber keine will mir mehr gehören«.

Wie war es dazu gekommen? Warum hielt er es für richtig und nötig, den Staat zu verlassen, den er fast dreißig Jahre lang als Schriftsteller und auch als Mitglied der regierenden Partei befürwortet und unterstützt hatte? Was immer in der DDR geschehen war und wogegen er bei manch einer Gelegenheit unmißverständlich protestiert hatte – nie dachte er daran, dem Land, in dem er aufgewachsen war, den Rücken zu kehren, nie wollte er sich von der SED trennen, aus der er schließlich, im Januar 1977, verstoßen wurde, freilich, wie wir hinzufügen dürfen, mit gutem Grund.

Stand also hinter seiner Entscheidung, den Wohnsitz in die Bundesrepublik zu verlegen, eine plötzliche Einsicht, gar eine Erleuchtung? Nein, das trifft nicht zu. Es sind nicht politische Enttäuschungen, sondern konkrete praktische Erfahrungen, die Kunert so und nicht anders handeln ließen. Er wurde in seiner Heimat öffentlich attackiert und denunziert, und natürlich hatte er keine Möglichkeit, sich zu wehren.

Nun ist dies für einen Autor in der DDR, den der Staat im Laufe der Jahre mit einigen Preisen ausgezeichnet hatte und dessen Gedichte längst in den Schullesebüchern zu finden waren, nicht unbedingt eine ausweglose Situation. Schließlich hätte auch Kunert machen können, wozu manche seiner nicht weniger berühmten Kollegen im Arbeiter- und Bauernstaat durchaus bereit waren – auch seinen frühen Jahren ließen sich allerlei Kindheitsmuster abgewinnen, zur Not hätte auch er seine Erinnerungen an die Jugendzeit in schönes Abendlicht tauchen können. Und schon wäre dem Dichter Kunert der für ihn reservierte Platz auf einem volkseigenen Sockel erhalten geblieben.

Nein, er konnte diesen Weg nicht gehen. »Ich war nicht mehr fähig« – erklärte er später in einem Interview –, »überhaupt noch eine Zeile aufs Papier zu bringen. Ich hätte zwar schreien, aber nicht mehr schreiben können.« Daraus zog er die einzige für ihn mögliche Konsequenz: »Mir blieb nichts anderes übrig, als zu versuchen, außerhalb der DDR meine Schreibfähigkeit wiederherzustellen.«[3] Dies aber bedeutet, daß der jahrzehntelang um Loyalität bemühte DDR-Bürger Kunert sich zur Kapitulation entschloß, um dem Schriftsteller Kunert die Kapitulation zu ersparen. In einem Gedicht mit dem ebenso selbstbewußten wie berechtigten Titel »Standhaftigkeit« sagt er, er habe sein Leben geändert und »den drohenden Sockel verlassen«, um seinen Standpunkt wahren zu können. Mit anderen Worten: Nicht als Protest oder Rebellion ist seine Entscheidung vom Jahre 1979 zu verstehen. Es war nicht ein Akt des Widerstands, sondern der Selbstverteidigung, der Selbstbehauptung.

Kunert ist also weder emigriert noch geflüchtet. Vielmehr wurde er, indem man ihn hinderte, seinen Beruf auszuüben, aus dem Land, das er für seine Heimat hielt, verdrängt und vertrieben. So ist denn hier und jetzt der Augenblick, um, ein vielzitiertes Wort von Bertolt Brecht abwandelnd, mit Nachdruck zu erklären: Unglücklich das Land, das seine Dichter fürchtet. Bedauerlich das Land, das seine Dichter vertreibt. Schändlich der Staat, der seine Dichter verhaftet.

Bittere Erfahrungen mit einem deutschen Staat, der seine besten Dichter ebenfalls nicht ertragen konnte, hatte Kunert, der Sohn einer Jüdin, schon in früher Jugend gemacht – und damit mag es zusammenhängen, daß vieles, was er geschrieben hat und schreibt, befremdet und wohl auch befremden muß. Denn wer überstanden hat, was die Deutschen »Endlösung«

und die Amerikaner »Holocaust« zu nennen pflegen, der kann nicht in Frieden mit sich selber leben. Wer zufällig verschont wurde, während man die Seinen gemordet hat, der bleibt ein Gezeichneter und beinahe immer auch ein Heimatloser. In Kunerts Gedicht »Kennzeichen« heißt es knapp: »Nirgend-heim: da kommen wir her / da fahren wir hin.« Und schließ-lich: Wer einst das innere Gleichgewicht verloren hat und wer es, allen Illusionen zum Trotz, nie wiederzufinden vermochte, der neigt oft den Extremen zu.

In der Tat, Kunerts Gedichte sind extrem, aber aggressiv sind sie nicht. Nie versucht er uns zu überreden. Er hütet sich, uns etwa aufzuwiegeln oder gar zu überrumpeln. Nicht die Offen-sive war und ist seine Sache, sondern die Defensive. Er gehört zu jenen Dichtern, die nicht agieren, wohl aber reagieren. Daher haben seine Gedichte niemals den Charakter von Aufru-fen oder von Aufforderungen. Vielmehr sind es Reflexionen und Meditationen oder auch Bilder, die bestimmte Situationen oder Vorgänge festhalten und vergegenwärtigen. Sie formulie-ren die Fragen eines skeptischen Zeitgenossen, seine Unruhe, seine Angst. Sie wollen uns irritieren, sie zwingen uns zum Nachdenken: Nicht hinreißen sollen sie die Leser, sondern bewegen.

Vorwiegend defensiv sind auch jene seiner neuen Gedichte, in denen Kunert in lapidaren, auffallend nüchternen Versen seine DDR-Zeit resümierend betrachtet:

> Eine kurze brutale Geschichte
> voll langer lauter Versprechen
> die deine Frage doch
> nicht mehr übertönen.

Diese Frage, die sich früher offenbar doch übertönen ließ, lautet: »Worauf warten?« Man hat ihn gelehrt, daß jede Revo-lution um ihrer Reinheit willen im Blute baden müsse. Wie aber, wenn sie gesiegt hat? Dann – antwortet Kunert sachlich und vielleicht resigniert – dann sind die Überlebenden so überflüssig »wie verdorrte Blumen / auf dem Schreibtisch / der Macht«.

In der DDR, in dieser »Provinz amtlich entzogener Seelen«, war er immer schon ein unbequemer und zuletzt auch ein bewachter Dichter. Sein Gedicht »Kein Sommer keine Schonzeit« beginnt mit den Worten: »Vorm Fenster mal Nebel mal Polizisten / die Gegend erblaßt«. In dem Gedicht »Belagerungszustand« ist von drei Autos die Rede, die Stunde um Stunde vor dem Haus des Dichters stehen: »im Fond Marx Engels Lenin Stalin«. Auch diese Bewacher, die – wie es höhnisch heißt – »direkt aus dem Hauptquartier der Utopie« kommen, haben Kunert den Weg bereitet »dorthin wo keiner einem / die Sprache verschlägt«.

Was immer er damit gemeint hat, hier, in der Bundesrepublik, wagt es keiner, ihm die Sprache zu verschlagen. Er ist hier geblieben – wie könnte es anders sein? –, was er von Anfang an war: ein Dichter des Zweifels und des Widerspruchs, und was er später wurde: ein Poet der großen Vergeblichkeit. Seine Verse meinen stets uns, unsere Zeit und unsere Welt. Sie umschreiben und artikulieren Symptome, sie wollen das Provisorische unserer Existenz bewußt machen.

Viele dieser im Westen geschriebenen Gedichte ergeben ein grausiges Pandämonium, ein apokalyptisches Szenarium, entworfen von einem, der nicht gewillt ist, uns zu schonen. Von Zerstörung und Untergang lesen wir, von Trümmern und Ruinen, von Blindheit, Taubheit und Stummheit, von Todesschreien und von der Leichengemeinschaft. Jeder Anblick ist hier trostlos, jede Liebe schon verblichen. Noch gibt es im Wald Bäume, aber es sind die letzten aus Holz. Das Welttheater ist grausam und sinnlos, ein Hamlet verblutet nach dem anderen: »Beschmutzt von Furcht und Mitleid aller Dramen« erfahren wir nichts, »als daß wir die Komparsen sind«. Gebirge zerfallen zu Sand, Gebeine bilden unseren Lebensgrund. Um die Augen hat die Welt eine Binde, alles wird vom »stillen Sterben« ergriffen. Die Zukunft ist »eine ferne Ruine am Hori-

zont«. Uns steht nur noch bevor, daß wir »in Abwesenheit
versinken«. »Vor der Sintflut« – so ist eines dieser Gedichte
überschrieben, und so könnte auch der ganze Band betitelt sein.

Man hat Kunert einen pessimistischen Poeten genannt. Doch
ist das keine Kategorie, mit der man der Dichtung beikommen
kann. Waren denn – um nur das eine Beispiel anzuführen – die
Propheten des Alten Testaments, diese unbarmherzigen War-
ner und Mahner, Pessimisten? Unlängst hat man ihn auch als
einen Endzeit-Lyriker bezeichnet. Doch damit ist nur gesagt,
daß er ein Lyriker unserer Epoche ist. Gewiß, seine Gedichte
sind düster. Aber sie erhellen. So paradox dies auch klingen
mag: Von dieser schrecklichen Finsternis geht Licht aus.

Wer wie Kunert hartnäckig und in immer neuen Bildern die
Sinnlosigkeit unserer Welt beschwört, der verrät damit, daß er
nicht aufhören kann, nach dem Sinn dieses Daseins zu fragen.
Er malt den bevorstehenden Untergang der Menschheit an die
Wand. Wozu? Glaubt er etwa, diese Katastrophe aufhalten zu
können? Nein, gewiß nicht. Aber immerhin scheint er doch zu
glauben, daß es möglich und auch nützlich ist, den Zeitgenossen die Augen zu öffnen. Kunerts Gedicht »Programm« läuft
auf ein bitteres und verzweifeltes Fazit zu: »Da hoffe du. Du
hoffst dich wund.« Ja, in der Tat, er hofft sich wund. Und selbst
wenn er es verhindern möchte – letztlich läßt er auch uns
hoffen.

»Die Selbstzerstörung findet im Geheimen / und trotzdem
vor dem Leser statt.« Kunert hat dies über Gottfried Benn
geschrieben, aber es gilt für ihn selber ebenfalls: Auch wenn
seine Gedichte intime Selbstgespräche sind, so erinnern sie
doch an Monologe auf der Bühne – der hier redet, weiß und
will, daß man ihm zuhört. Es sind also Monologe mit einem
Adressaten – und schon in diesem Umstand verbirgt sich, was
für die Lyrik Kunerts von Anfang an charakteristisch war: das
pädagogische Element, das insgeheim jeglicher Literatur inne-
wohnt und das man, ob er es wollte oder nicht, in seinen
Versen, in seinen Parabeln immer zumindest spürt.

»Geräusch«, eines der wenigen appellierenden Gedichte im Band »Abtötungsverfahren«, fällt auch insofern etwas aus dem Rahmen, als es ausnahmsweise beides erkennen läßt – den pädagogischen Eros dieses Poeten und zugleich seine finstere Hoffnung. Da heißt es am Ende:

> Solange der Atem vorhält
> laß nicht nach
> solange verkünde die Tonfolge
> ... jedem erreichbaren Ohr

Was er zu sagen für richtig hielt, hat Kunert in der DDR viele Jahre hindurch jedem erreichbaren Ohr verkündet. Oft mußte er sich mit Chiffren und Metaphern behelfen, mit der Allegorie und mit der Verschlüsselung. Die Unfreiheit, wir wissen es längst, kann eine außergewöhnliche Stilschule sein, wenn auch eine schmerzhafte.

Die Freiheit ist keine Stilschule. Denn die Freiheit ist – wie Ludwig Börne sagte – überhaupt nichts Positives, sondern nur »die Abwesenheit der Unfreiheit«. Die Freiheit, meinte er, sei keine Idee, »sondern nur die Möglichkeit, jede beliebige Idee zu fassen, zu verfolgen und festzuhalten«.[4] Die Last der Unfreiheit wußte Günter Kunert mit Würde und Ausdauer zu tragen und auch mit Humor. Er ließ nicht nach, niemand konnte ihm die Sprache verschlagen. Nun muß er eine andere Last tragen – die Last der Freiheit, die nicht mehr und nicht weniger ist als die Abwesenheit der Unfreiheit. So entstehen seine neuen Gedichte und Prosastücke, unbequeme, widerborstige sprachliche Gebilde, wie eh und je – um seine eigenen Worte zu zitieren –

> zur Unterdrückung nicht brauchbar
> von Unterdrückung nicht widerlegbar
> zwecklos also
> sinnvoll also

(1980)

PETER RÜHMKORF,
DER PREDIGER MIT DER SCHIEBERMÜTZE

Gegen Ende seines autobiographischen Buches »Die Jahre die Ihr kennt« spricht der Dichter Peter Rühmkorf ein großes Wort gelassen aus. Er verkündet klipp und klar: »Habe viele Schlachten, aber nie meine Identität verloren.« Mag sein, doch wie ließe sich diese seine Identität umschreiben, wie könnte man sie definieren?

Auf der Suche nach einer Antwort lesen wir weiter – und werden sogleich bitter enttäuscht. Denn der nächste Satz lautet: »Wußte vermutlich auch nie recht, was das eigentlich ist.«[1] Und da haben wir schon die ganze Bescherung: Der Frage nach der ihm nie abhanden gekommenen Identität entzieht sich Rühmkorf mit einer flinken Volte. Er verweigert jegliche Auskunft, offenbar möchte er sich nicht festlegen. Vielleicht folgt er hier dem listigen Brecht, der einst seinen Interpreten warnend zurief: »Wer immer es ist, den ihr sucht: ich bin es nicht.«[2]

Was tun? Peter Rühmkorf hat gut reden, er kann im entscheidenden Augenblick lächelnd schweigen. Aber ich, ihn zu rühmen bestellt, darf der heiklen Frage nicht ausweichen. Schließlich feiert man einen Poeten, indem man sein Werk erklärt, indem man seine Eigenart verdeutlicht und seine Einmaligkeit, eben seine Identität bewußt macht. »Ein saures Amt, und heut' zumal« – pflegt unser ehrenwerter Kollege Beckmesser zu klagen. Indes wollen wir nicht übertreiben: Die Aufgabe trifft den Kritiker doch nicht unvorbereitet. An erprobten Hilfsmitteln und Requisiten, Werkzeugen und Instrumenten mangelt es uns nicht: Da gibt es Rahmen und Sockel in bewährter Qualität, da haben wir handliche Schablonen und nützliche

Etikette, da bieten sich wie von selbst allerlei Vergleiche und Parallelen an. Alles, was wir brauchen können, um einen Dichter kenntlich zu machen, steht zu unserer Verfügung, bald wird er in dem ihm gebührenden Schubfach der Literaturgeschichte einen gepolsterten Platz erhalten – und sein Fall ist erledigt.

Aber, ach, die Rechnung geht nicht auf. Mit dem Rühmkorf hat man Kummer. Denn er fällt aus dem Rahmen. Auf den vorhandenen Sockel läßt sich der Ungebärdige nicht unterbringen. Mit den Schablonen ist ihm überhaupt nicht beizukommen. Die meisten Vergleiche hinken, und die Parallelen ergeben nicht viel. In keines der literarhistorischen Schubfächer will Rühmkorf hineinpassen, sein Werk leistet jenen, die es klassifizieren oder gar etikettieren möchten, hartnäckigen Widerstand. Fragt sich nur, ob das gegen oder vielleicht für dieses Werk spricht? Natürlich, einiges läßt sich schon über ihn, über seine Lyrik und seine Prosa sagen. Doch bald erlebt man eine ärgerliche Überraschung: Es stellt sich nämlich heraus, daß allzu oft das Gegenteil von dem, was man in Sachen Rühmkorf für richtig und treffend hält, ebenfalls gar nicht falsch scheint.

Ein plebejischer Poet ist er, ein handfester Spaßmacher, ein Repräsentant und Verwalter des literarischen Untergrunds, ein Dichter der Gasse und der Masse, einer, der die Lyrik auf den Markt gebracht hat. Das alles kann als sicher gelten. Nur: Er ist zugleich ein feinsinniger Ästhet, ein raffinierter Schöngeist, ein exquisiter Ironiker. Gehört er denn nicht auch zu jenen, die im Elfenbeinturm der zeitgenössischen Poesie ein Dauerquartier haben, und dies mit gutem Grund? Er schämt sich nicht, das Drastische, das Vulgäre zu goutieren und zu schätzen. Und er zögert nicht, das Distinguierte, das Elitäre zu bewundern und zu lieben. In seinen Versen finden Schlager, Gassenhauer und Kinderreime ein unmittelbares Echo, hier wimmelt es von Kalauern, Reklamesprüchen und Latrinenscherzen. Aber in seinen kühnen poetischen Paraphrasen und Variationen feiern auch ganz andere Töne Urständ – die Oden Klopstocks und die

Lieder des Matthias Claudius, die Hymnen Hölderlins und die
Weisen Eichendorffs.

Er, der rote Rühmkorf – so nennt er sich gelegentlich selber –
plädiert unermüdlich für das Diesseitige, das Transzendente
geht ihn nichts an. Wer will, kann ihn als einen materialisti-
schen Poeten bezeichnen, was immer dies bedeuten mag. Aber
Hans Magnus Enzensberger, sein geistiger Bruder oder doch
zumindest sein Cousin, der es doch wissen müßte, hält ihn für
einen »metaphysischen Dichter«[3] – und Enzensberger, meine
ich, hat Recht. Wie sollen wir dies alles verstehen? Hätten wir
es etwa mit einem Hans Dampf in allen Gassen der Literatur zu
tun, mit einem, der heute dies und morgen das schreibt und uns
am Ende, gleichsam ein moderner Eulenspiegel, allesamt lachend zum besten hält? Eine solche Vermutung liegt nahe und
wäre doch abwegig. Zugegeben, dieser Rühmkorf ist nie ganz
seriös – und immer sehr ernst. Sein Werk zeugt von erstaunlicher Konsequenz, ohne sich je der Prinzipienreiterei auch nur
zu nähern. Es ist von verblüffender Einheitlichkeit, ohne sich je
Einseitigkeit zuschulden kommen zu lassen.

Dem Widerspruch gilt Rühmkorfs Leidenschaft, der Widerspruch ist sein eigentliches Element, die Antinomie erweist sich
als die Wurzel und der Grundzug seines Dichtens. Wenn seine
so unterschiedlichen Bücher ein gemeinsames, ein dauerhaftes
Fundament haben, dann ist es weder eine Idee noch eine
Philosophie, weder eine Doktrin noch eine Ideologie; vielmehr
ist es – und manche seiner Gesinnungsgenossen bedauern dies –
nicht mehr und nicht weniger als sein widerspruchsvoll-mili-
tantes, sein spannungsvoll-ambivalentes Verhältnis zum Leben,
zur Welt.

Gewiß doch, Rühmkorf ist ein entschiedener Rationalist und
ein erklärter Materialist. Aber eben einer, der die Existenz des
Irrationalen nicht ignoriert und der seine stille Sehnsucht nach
dem Metaphysischen nicht verheimlicht. Er ist, könnte man
sagen, ein diskreter Metaphysiker. Aber eben einer, der nicht
müde wird, an Materielles zu erinnern und auf Materialistisches

zu verweisen. Von der Antithese kommen ebenso seine Literaturbetrachtung wie seine Lyrik. Aber ihr Ziel ist stets die
Synthese: »Zeitiger lerne Traum und Bündel zu schnüren« –
forderte schon der junge Rühmkorf. In seinen Versen konfrontiert und vereint er die Vision des Ungewöhnlichen und Unbe-
greiflichen mit dem Bild des Gewöhnlichen und Irdischen, mit
der Realität unserer alltäglichen Umwelt. »Seine Existenz reicht
vom Sirius bis zum Absatz, dem schiefen« – hören wir von
Leslie Meier, Rühmkorfs anderem Ich. Und seinem verführeri-
schen Feinsliebchen macht er das reizvolle Angebot:

> Ich teil mit dir den Dosenfisch
> und Berenikes Haar!

Doch wer die Einheit von Traum und Bündel, von Vision und
Realität im Sinne hat, der kann der Resignation schwerlich
entgehen und auch nicht der Melancholie, und Schutz und
Zuflucht sucht er, wie eh und je, bei Trotz und Übermut.
Rühmkorf deklariert seine Dichtung als »Überlebenskunst«, er
singt, eigener Aussage zufolge, das »Vorüberlied und Dennoch-
lied in einem«.[4] Allerdings lautet sein Befund:

> Zum Gaukler fehlt mir die Handvoll Glück,
> Zum Jeremias die Weitsicht.

Nein, das stimmt nicht ganz. Denn ob mit oder ohne Glück – er
ist ein elegischer, ein bisweilen mißvergnügter Gaukler, der
Spott mit Grazie zu verbinden weiß. Und ob mit oder ohne
Weitsicht – er ist ein volkstümlicher, ein oft sarkastischer
Jeremias, freilich einer, der unfeierliche, der kesse Töne bevor-
zugt. Er ist ein Prediger mit der Schiebermütze, ein Priester mit
der Narrenkappe, ein kleiner, munterer Prophet und ein großer, würdiger Schalk, ein Buhrufer und Poet dazu.

Doch ähnlich wie seine Generationsgenossen Günter Grass
und Hans Magnus Enzensberger hat auch Rühmkorf nichts mit
jenen deutschen Autoren gemein, die singen, weil sie nicht
denken können, die dichten müssen, weil ihnen das Schreiben

unüberwindliche Schwierigkeiten bereitet. Gerade beim Volk der Dichter und Denker ist ja oft die Ansicht verbreitet, man könne entweder Dichter oder Denker, doch schwerlich beides zugleich sein.

Rühmkorf sieht in dem angeblichen Gegensatz zwischen Poesie und Intellektualität stets nur eine Herausforderung, die es in der Praxis zu widerlegen gilt. Was er seit vielen Jahren beharrlich anstrebt, nennt er selber die »Wiedergeburt der Unschuld aus dem Geiste der Reflexion«.[5] Unmißverständlich stellt er die Frage, die gleichsam das Motto aller seiner literarischen Bemühungen ist: »Wie kreuze ich Reflexion und eingeborene Sangeslust, wie vereinige ich den Trieb zu Trällern und den Zwang zum Denken so, daß beide Tendenzen sich voll entfalten und schließlich ein organisches Ganzes entsteht?«[6]

Wieder also läßt sich Rühmkorf von einer Antithese oder, richtiger gesagt, von einer scheinbaren Antithese provozieren, um eine Synthese zu verwirklichen. Der einheitliche, der organische Charakter seines Œuvres hat hier seine tiefste Ursache und Motivation: Rühmkorf ist ein intellektueller Lyriker und ein lyrischer Essayist. Mit anderen Worten: Dieser Poet ist immer ein Kritiker, dieser Kritiker stets ein Poet. Und beide, der dichtende Kritiker und der kritische Dichter, sind Aufklärer und Lehrmeister. Nur daß der Aufklärer es hier und da für opportun hält, sich als Bruder Leichtfuß zu tarnen und daß der Lehrmeister keine Hemmungen hat, bisweilen, wenn die Sache es will, den Hanswurst zu spielen.

Als lachender Aufklärer, als heiterer Pädagoge hat sich auch jener verstanden, in dessen Namen Peter Rühmkorf heute ausgezeichnet wird: Erich Kästner. Was verbindet die beiden, was trennt sie? In Kästners »Kurzgefaßtem Lebenslauf« aus dem Jahre 1930 heißt es:

> Ich setze mich sehr gerne zwischen Stühle.
> Ich säge an dem Ast, auf dem wir sitzen.
> Ich gehe durch die Gärten der Gefühle,
> die tot sind, und bepflanze sie mit Witzen.

Auch für Rühmkorfs Dichtung gilt Kästners Titel »Gesang zwischen den Stühlen«, auch Rühmkorf liebt es, an dem Ast zu sägen, auf dem wir sitzen, auch er befaßt sich immer wieder – um einen anderen Kästner-Titel zu verwenden – mit dem »täglichen Kram«.

Auch Rühmkorf kann – wie Kästner – als ein Moralist ohne Illusionen gelten. Trotzdem läßt gerade das Stichwort »Illusionen« den Abstand zwischen den beiden Generationen erkennbar werden: zwischen jener um 1900 geborenen und der dreißig Jahre jüngeren.

Kästner meinte zwar, der angestammte Platz des Moralisten sei und bleibe der verlorene Posten. Aber seine milde Resignation war nicht frei von Koketterie. Denn in Wirklichkeit wollte er nicht aufhören zu hoffen und zu glauben, daß die Menschen besser werden könnten, »wenn man sie oft genug beschimpft, bittet, beleidigt und auslacht«.[7] Die Erziehbarkeit des Menschen war Kästners Arbeitshypothese.

Er schrieb viele düstere oder zumindest scheinbar düstere Gedichte, er war vielleicht ein Pessimist – doch im Grunde der hoffnungsvollste, den es in Deutschland damals gab. Er war ein Negationsrat, doch der positivste, den die deutsche Literatur jener Jahre hatte. Kästners Gedicht »Brief an meinen Sohn« enthält eines seiner fundamentalen Bekenntnisse:

> Ich will nicht reden, wie die Dinge liegen.
> Ich will dir zeigen, wie die Sache steht.
> Denn die Vernunft muß ganz von selber siegen.

Aber nichts siegt auf dieser Erde von selber, am wenigsten die Vernunft. Wie schrecklich Kästners liebenswerter, wohl etwas treuherziger Irrtum war, das bedarf keines Kommentars. Es genügt, auf das Entstehungsdatum des Gedichts »Brief an meinen Sohn« hinzuweisen. Es stammt aus dem Jahr 1932. Und weil Erich Kästner, der leisen Melancholie und der lauten Realität zum Trotz, vom künftigen Triumph der Vernunft überzeugt war, konnte er den Lesern jene unvergeßliche »Lyrische Hausapotheke« liefern, die vornehmlich der »Therapie des Privatlebens« dienen sollte.

Den deutschen Dichtern der Generation Rühmkorfs fehlt dieser unerschütterliche Glaube Erich Kästners an den gesunden Menschenverstand. Anders als ihm fällt es ihnen schwer, der moralischen Wirkung der Ordnung zu vertrauen und der ethischen Kraft der Vernunft sicher zu sein. Daher sind sie weder imstande noch gewillt, lyrische Hausapotheken zu produzieren. Die vielen Trostpflaster, Linderungssalben und Beruhigungsmittel, die Kästner in allerbester Qualität offerierte, wird man in den Gedichten Rühmkorfs vergeblich suchen. Er besänftigt nicht, er stört auf: Durch seine Verse werden Wunden nicht geheilt, sondern aufgerissen. Nicht Trost hat er zu bieten, sondern den Aufruf zum Widerstand:

> Wer geduckt steht, will auch andere biegen
> (Sorgen brauchst du dir nicht selber zuzufügen;
> alles was gefürchtet wird, wird wahr –)
> Bleib erschütterbar
> Bleib erschütterbar – und widersteh.

Übrigens ist für unser literarisches Leben immer noch jener Zorn charakteristisch, der seinen Mann ganz gut ernährt: Wer protestiert, der profitiert, wer rebelliert, der reüssiert. In der bundesdeutschen Literatur gibt es deshalb mehr Provokateure als Schriftsteller. Von jenen unserer Autoren, die sich morgens an den Schreibtisch mit dem festen Entschluß setzen, bis zum Mittagessen sehr zornig zu sein, will Rühmkorf nichts wissen. Er verpönt die branchenübliche, die überall feilgehaltene Entrüstung. Sein Aufruf zum Widerstand folgt nicht einer Mode, auch wenn er – was wir ihm nicht anlasten wollen – eine Mode bewirkt hat. Seine Empörung ist eine Antwort auf unsere Welt, seine Wut hat mit seiner Empfindlichkeit zu tun, sein Protest entspringt seiner Fähigkeit, die Gegenwart zu erleiden.

Aber es genügt nicht, die Gegenwart zu erleiden, man muß noch das Erlittene vergegenwärtigen. Rühmkorfs Anschauungen über die Aufgabe der Literatur, über ihre Möglichkeiten und Grenzen, lassen abermals seine so sympathische wie unveränderbare Vorliebe für die Ambivalenz erkennen. Selbstverständlich ist er ein politisch engagierter Poet. Aber er mißtraut dem politischen Engagement der Poesie. Natürlich ist er ein experimentierender Dichter. Aber das Experimentelle in der Dichtung scheint ihm dubios. Hinter diesen Widersprüchen verbirgt sich die Logik eines Künstlers, der weder an das Engagement ohne Experiment glaubt noch an das Experiment ohne Engagement, der meint, daß »totale Dienstbarkeit und absolut gesetzte Liberalität gleich tödlich für das Wesen der Kunst« seien.[8]

Allen, die ihn für ihre Zwecke mißbrauchen wollen, erteilt er in seinem »Mailied« eine höhnische Abfuhr: »bin weder so-, noch sorum abzurichten«. Hier ruft er der »jungen Genossin« belehrend zu:

> Gestern Kommunist – morgen Kommunist,
> aber doch nicht jetzt,
> beim Dichten?!

Er fragt: »Kunst als Waffe?« Und antwortet entsetzt: »Da sei Majakowskij vor!«

Wie alle guten Dichter hat auch Rühmkorf schwache Verse geschrieben – nur schlechte Lyriker können ihr Niveau immer halten –, doch hat er nie die Dichtung zur Magd der Politik degradiert. Er hat an vielen Demonstrationen teilgenommen, ohne je seine Individualität zu verbergen. Er ist in vielen Kolonnen mitmarschiert, ohne je seine besondere Gangart zu verleugnen. Wohin ihn allerlei Wege und Irrwege im Laufe der Zeit auch führten – von seiner »Fahne aus Hauch und Traum« trennte er sich nie. Er blieb – um den Titel eines frühen Rühmkorf-Gedichts zu zitieren – »im Vollbesitz seiner Zweifel«.

Er dichtet »so links wie nötig und so hoch wie möglich«, dort sucht er einen Platz für seine Poesie. Die Welt verändern?

Das ist, wir wissen es, ein ganz großer Spaß, ein einzigartiges
Vergnügen, zumal für die Kinder der Wohlstandsgesellschaft.
Darauf verzichtet keiner so schnell. Doch die Siegesgewißheit
der Revolutionäre kennt der Autor Rühmkorf nicht, seine
Rebellion ist von anderer Art: Ein Spieler, der das Risiko liebt,
stellt er unsere Gesellschaft und sich selbst immer wieder in
Frage. Und doch scheut er sich nicht, aufrichtig und trotzig zu
gestehen:

> . . . . eigentlich
> bin ich nur auf die Welt gekommen,
> um der Schöpfung mal ein bißchen unter die
> Röcke zu kucken.

»Wildernd im Ungewissen« – auch dies der Titel seiner Gedichte – schreibt er Verse wider den Strich, singt er das Hohe-
lied des Ungehorsams. Doch wer von ihm eine optimistische
Zukunftsvision erwartet, wird nicht auf seine Rechnung kommen. »Graziös in Lebensgefahr grad zwischen Freund Hein
und Freund Heine« schwebend, eignet er sich weder als
Trommler noch als Bannerschwinger.

Zwei Seelen wohnen, ach! in seiner Brust: Er ist ein militanter Aufklärer und ein verspielter Artist, ein Sachwalter heller
Vernunft und ein Sänger dunkler Leidenschaft. Er läßt sich vom
rationalistischen Kampfgeist beflügeln und zugleich zeigt er uns
– mit einem heitern, einem nassen Aug' – dessen Grenze. Aber
wenn wir alles mit der Ratio erfassen könnten, wozu bräuchten
wir dann die unzuverlässigsten aller Kantonisten, die Dichter?

Peter Rühmkorf, der zwar viele Schlachten, doch nie seine
Identität verloren hat, beendet sein autobiographisches Buch
mit der Beschreibung eines Spaziergangs an der Elbe. Er, der
gewohnt ist, das Elegische mit dem Kaltschnäuzigen zu relati-
vieren und jeden Anflug von Sentimentalität hinter Spott und
Ironie zu verbergen – hier leistet er sich einmal einen Gefühls-
ausbruch ohne Rückversicherung, hier wird er wehmütig. Gar
nicht schnoddrig, sondern eher gerührt und etwas verschämt
fragt er sich und uns: »Könnte man da nicht fast zum Heimat-

autor werden?«[9] Fast ein Heimatautor – das ist er vielleicht auch, wenn wir diese Vokabel nur richtig verstehen. Rühmkorfs Heimat ist die Welt zwischen der Nordsee und der Lüneburger Heide, seine Heimat reicht von den Merseburger Zaubersprüchen bis zu den Buckower Elegien, von Walther von der Vogelweide bis zu Gottfried Benn. Nichts Poetisches ist ihm fremd.

So ist Peter Rühmkorf immer auf der Suche nach einer schönen, einer verlockenden Blume. Ihre Umrisse verschwimmen in weiter Ferne, nicht einmal ihre Farbe läßt sich genau erkennen. Ist sie blau? Oder rot? Man kann nicht ganz sicher sein. Doch ob blau oder rot – es ist auf jeden Fall die Blume der Romantik. (1979)

HANS JOACHIM SCHÄDLICH,
DER VIRTUOSE CHRONIST AUS DER DDR

Was veranlaßt einen Schriftsteller, sich vor dem Publikum preiszugeben, warum schreibt er? Vor zwanzig Jahren, als er eine Rede zur Eröffnung der Frankfurter Buchmesse hielt, stellte Max Frisch diese Frage. Für manche, meinte er, gelte die Antwort: »Um die Welt zu verändern.« Andere hingegen, zu denen auch er gehöre, würden sagen: »Um die Welt zu ertragen, um standzuhalten sich selbst, um am Leben zu bleiben.«[1]

Wenn man es recht bedenkt, weichen diese beiden Antworten nicht gar so weit voneinander ab. Die Welt ist schlecht und nicht akzeptabel – das meinen die einen wie die anderen. Wer aber erklärt, er schreibe, um die Welt zu verändern, der hat die Kühnheit, die Welt als Objekt und sich selber als Subjekt zu behandeln. Wer hingegen sagt, er schreibe, um das Leben zu ertragen, um am Leben zu bleiben, der sieht sich selbst als Objekt. Die Zugehörigkeit eines Autors zur einen oder anderen Gruppe hat weniger mit intellektuellen oder moralischen Aspekten zu tun als vor allem mit seinem künstlerischen Temperament, mit seinem Naturell. Denn die erste Antwort ist offensiv, die andere defensiv.

Auch Hans Joachim Schädlich würde die Welt gern verändern. Niemand verzichtet von vornherein auf einen so großen Spaß. Aber ihm fehlt die Naivität, die nötig ist, um glauben zu können, der Dichter sei imstande, einen nennenswerten Einfluß auf den Gang der Dinge auszuüben. Und ihm fehlt der Optimismus, der die offensive Haltung ermöglicht. Für die Geschichten Hans Joachim Schädlichs – und zwar für ausnahmslos alle – ist das Defensive bezeichnend.

Es war ihm wohl nicht an der Wiege gesungen, daß er einst sein Brot als Geschichtenerzähler verdienen werde. Zwar hat er, wie viele Schriftsteller, Germanistik studiert, doch promoviert (und bestimmt nicht zufällig) mit einer Arbeit nicht etwa über ein literarisches, sondern über ein sprachwissenschaftliches Thema. Danach hat er siebzehn Jahre lang eine wissenschaftliche Tätigkeit ausgeübt, nämlich an der Akademie der Wissenschaften in Ostberlin. Erst verhältnismäßig spät begann Schädlich erzählende Prosa zu schreiben: Die Geschichten seines vor wenigen Monaten erschienenen Bandes »Versuchte Nähe« sind in unseren siebziger Jahren entstanden.

Doch kann man nicht sagen, er habe sich dem Erzählen freiwillig zugewandt. Und er konnte auch die Motive und Themen, die er zu behandeln gedachte, sich nicht auswählen, wie es ihm paßte. Max Frisch notierte in seinem »Tagebuch«: »Man hält die Feder hin, wie eine Nadel in der Erdbebenwarte, und eigentlich sind nicht wir es, die schreiben; sondern wir werden geschrieben.«[2] Das aber bedeutet: Letztlich hängt es eben nicht von dem Schriftsteller ab, mit welchen Motiven und Fragen er sich befaßt. Denn er wird von der Zeit, in der er lebt, von seiner Umwelt zu bestimmten Motiven und Fragen gezwungen. Er agiert nicht, er reagiert.

Dies gilt in vollem Umfang auch für Hans Joachim Schädlich. Er attackiert nicht; er will sich nur der Realität, die auf ihn einstürmt, erwehren. Er fordert die Welt nicht heraus – er fühlt sich von ihr herausgefordert. Er verteidigt sich. Sein Erzählungsband[3] ist vor allem ein Versuch der Selbstverteidigung und der Selbstbehauptung. Gelegentlich ist es eine aggressive Verteidigung, eine bittere und auch schwermütige Selbstbehauptung.

Mit anderen Worten: Wenn Schädlichs Geschichten immer, obwohl sie sich in verschiedenen Epochen abspielen, auf die unmittelbare Gegenwart abzielen, wenn diese Geschichten trotz der wechselnden Schauplätze in Wirklichkeit doch nur einen einzigen Schauplatz kennen – die Welt nämlich, in der er aufgewachsen ist, in der er lebte und an der er litt –, dann nicht deshalb, weil sich der Erzähler diese Epoche und diesen Schauplatz gewählt hat. Hier hat also nicht ein Schriftsteller ein Thema gesucht, sondern ein Thema hat seinen Autor gefunden.

Er war einer der zahlreichen Bürger der DDR, die an der Politik überhaupt nicht oder nur wenig interessiert sind. Nur hilft das diesen Bürgern nicht viel. Denn die Politik interessiert sich für sie, dringt in ihr Leben ein, in ihren Alltag. Und so gewiß die Politik kein Stoff für den Erzähler Schädlich ist, so sah er sich, wollte er der ihm umgebenden Welt gerecht werden, doch gezwungen, in seinen Geschichten auch Politisches zu berücksichtigen. Er tat es fast wider Willen, gewissermaßen als Opfer seines Themas.

So steht im Mittelpunkt nahezu aller seiner Prosatexte die Wechselbeziehung zwischen dem Individuum und dem Staat, die Frage nach dem Verhältnis von Geist und Macht, von Literatur und Politik. Dabei kommt es ihm nicht auf mehr oder weniger treue Abbilder der Realität an, sondern auf Modellsituationen, auf symptomatische und beispielhafte Konstellationen: Seine Short Stories, Skizzen, Genrebilder und Kurzgeschichten sind immer auch Parabeln. Sie beziehen sich auf konkrete Verhältnisse in der Welt zwischen der Elbe und der Oder und sind nicht übertragbar. Dennoch sind sie in einem tieferen Sinne gültig für alle Länder, in denen Konflikte zwischen dem Individuum und dem Staat, zwischen Geist und Macht unvermeidbar sind. Und wo gäbe es ein Land, das von diesen Konflikten frei wäre?

In einer seiner Geschichten erzählt Schädlich von dem im sechzehnten Jahrhundert lebenden schwäbischen Dichter Nikodemus Frischlin, der verhaftet wird, weil er den »Adel des Landes in all seinem Wesen und Tun abscheulich angetastet«. Ihm wird gesagt: »Ihr seid ein Poet, gut, so habt Ihr Euch nicht in fremde Dinge zu mischen, sondern Euch in den Grenzen Eurer Vokation zu halten. Einen gewissen Stand zu rügen, ist nicht Sache der Poeten.« Der Verhaftete antwortete: »Das ist ja der Poeten Amt, daß sie das Üble mit Bitterkeit verfolgen.« Diese Worte dürfen wir auch auf Hans Joachim Schädlich beziehen: Um sich zu verteidigen, verfolgt er in seinen Gedichten das Üble mit Bitterkeit.

Aber nicht dies hat die Jury veranlaßt, ihn für den Rauriser Literaturpreis 1977 vorzuschlagen. Nicht von Schädlichs Ansichten haben wir uns leiten lassen, nicht von seiner mutigen Apologie des Individuums, nicht von seiner aus der Selbstverteidigung resultierenden Kritik der Verhältnisse in der DDR. Hätten wir uns davon bestimmen lassen, wir wären leichtsinnig und ungerecht gewesen. Denn es gibt heutzutage, zumal in der DDR, nicht wenige Schriftsteller, die das Amt des Poeten ebenso wie Schädlich auffassen, die in ihren Arbeiten ähnliche Motive behandeln und denen man die gleichen Auffassungen nachrühmen kann. Schädlich wurde der Preis verliehen nicht dafür, *daß* er das Üble mit Bitterkeit verfolgt, sondern *wie* er es tut – nicht für seine Gesinnung also, sondern für seine literarische, seine künstlerische Leistung.

Schädlich ist ein Sprachforscher und ein Sprachkünstler zugleich. Bei ihm schaut der Wissenschaftler unentwegt dem Artisten über die Schulter: Sie ergänzen sich, ohne sich etwa gegenseitig zu behindern. Die Skala seiner stilistischen Mittel ist verblüffend groß, in seiner Diktion fällt ebenso Intelligenz wie Musikalität auf. Er kann den Tonfall einer mittelalterlichen Chronik nachahmen, er vermag im Duktus einer biblischen Parabel zu erzählen, er parodiert den Kanzleistil, er entlarvt die Sprache der amtlichen Kommuniqués und der offiziellen Berichterstattung und vermag auf diese Weise, die Rituale der Macht, keineswegs nur in der östlichen Welt, bloßzustellen. Zugleich fixiert er die Ausdrucksweise, den Slang der Jugendlichen in seiner bisherigen Heimat, der DDR. Und er macht deutlich, was diese Sprache erkennen läßt – Frustration und Brutalität, Heuchelei und Verrohung.

Alle diese so unterschiedlichen Stilmittel dienen in der Prosa Schädlichs vor allem *einem* Zweck: Er strebt konsequent die

Distanz zu den dargestellten Gegenständen an. Erst aus der Entfernung, meint er, kann man sie richtig wahrnehmen und einschätzen. Mit anderen Worten: Er verfremdet das Leben, um es zu vergegenwärtigen. Er ist ein Chronist und ein Virtuose – beides zugleich und auf einmal.

Kein Zweifel: Dieser Erzähler macht es sich sehr schwer. Allerdings läßt sich nicht verschweigen, daß er, der sich nie schont, nicht daran denkt, uns, seine Leser, zu schonen, daß er es auch uns oft sehr schwer macht. Die österreichische Literatur ist reich an Schriftstellern, die es für ihre Pflicht hielten und denen es auch ein Vergnügen bereitete, dem Publikum menschenfreundlich und mit einem augenzwinkernden Lächeln entgegenzukommen. Zu diesen Schriftstellern gehört Schädlich keineswegs. Und doch habe ich, seine Geschichten lesend, bisweilen gerade an einen österreichischen Erzähler gedacht, an den eigenwilligsten und wohl zugleich tiefsten, den das heutige Österreich zu bieten hat. Ich spreche von Thomas Bernhard.

Wie das Werk Bernhards ergibt sich die Prosa Schädlichs ebenfalls aus einer Obsession, freilich einer ganz anderen. Die Sprache Schädlichs läßt sich mit jener Bernhards überhaupt nicht vergleichen. Aber auch Schädlichs Geschichten sind auf extreme Weise monologisch, auch sie scheinen aus der Feder eines Einsiedlers zu stammen, der keinen Gedanken an jene verschwenden möchte, die sie lesen werden. Nicht unähnlich der Prosa Bernhards ist auch jene Schädlichs hermetisch und mutet mitunter schroff abweisend an. Dies schränkt zwar ihr Publikum ein, mindert jedoch nicht ihre Attraktivität.

In der DDR sah sich Schädlich gezwungen, dunkel zu schreiben und immer wieder auf allerlei Chiffren zurückzugreifen. Wir wissen es längst: Die Unfreiheit ist eine Stilschule, freilich eine besonders bittere; die Helfer der Tyrannei, die Zensoren, können, sowenig sie es wollen und so paradox es auch anmutet, auf die Literatur gelegentlich einen günstigen, einen geradezu segensreichen Einfluß ausüben. Aber so gewiß es dem Autor der »Versuchten Nähe« gelungen war, das, was er sagen wollte und sagen mußte, auf kunstvolle Weise zu verschlüsseln – es hat ihm nicht geholfen: Man weigerte sich hartnäckig, seine Arbeiten zu veröffentlichen, er war für die DDR ein höchst unbequemer, ein nicht akzeptabler Erzähler.

Doch können wir dessen sicher sein, daß Hans Joachim Schädlich auch jetzt im Westen, da er nicht mehr die Last der Unfreiheit, sondern jene der Freiheit zu tragen hat, bleiben wird, was er war: ein keineswegs bequemer, ein eigenwilliger und schwieriger Schriftsteller, der niemanden schont, am allerwenigsten sich selber – und dem wir eben dafür dankbar sind.

(1978)

KARIN RESCHKE ODER
DER DOPPELSELBSTMORD AM KLEINEN WANNSEE

Beliebt war er nicht. Er galt als ein sonderbarer und überspann-
ter Mensch. Die einen hielten ihn für schüchtern und gehemmt,
andere für überheblich. In Gesellschaft war er meist wortkarg
und eher linkisch. Eine unangenehme, eine zumindest befrem-
dende Erscheinung. Dabei war er nicht unbekannt. Auch wenn
die großen Kritiker der Epoche, Friedrich und August Wilhelm
Schlegel, ihn keines Wortes würdigten, kannte man ihn in der
literarischen Welt, freilich vor allem als einen zwar eigenwilli-
gen, doch erfolglosen und vom Pech verfolgten Autor.

Großes Aufsehen hat er nur ein einziges Mal hervorgerufen –
und dies nicht mit einem Theaterstück oder mit einer Erzählung, sondern mit einer Tat. Erst sein Tod machte ihn, Heinrich
von Kleist, berühmt: Die Schüsse, mit denen er dem Leben der
Henriette Vogel und seinem eigenen ein Ende gesetzt hatte,
fanden sofort jenen Widerhall, der seinen Dichtungen versagt
geblieben war. Über den dramatischen Vorfall am Kleinen
Wannsee sprach und schrieb man wochenlang – nicht nur in
Berlin und nicht nur in den deutschen Ländern. Was sich dort
abgespielt hatte, regte die Phantasie der Zeitgenossen an, von
denen die meisten glaubten, es handle sich um eine Liebesaffäre.
Und es provozierte neben der baren Sensationslust auch die
moralische Entrüstung und die heuchlerische Selbstgerechtigkeit jener, die meinten, über die beiden Unglücklichen den Stab
brechen zu dürfen.

Manche gingen so weit, die moderne Literatur, die »neuere
ästhetische Schule« für das Geschehene verantwortlich zu machen. So las man damals, Ende 1811, im »Morgenblatt«: »Ar-

mes Deutschland! Wenn deine wahnsinnigen Schriftsteller ihre
Tollheit bis zum Morde treiben, welche Nation wird der Mör-
der mehr zählen, als du?« Nachdem Kleist als einer der »be-
rüchtigtsten Jünger der berüchtigten romantisch-mystischen
Schule« bezeichnet wurde, hieß es dann: »Unsere Literatur ist
ein verpesteter Sumpf, der beinahe nichts als Basilisken ausbrü-
tet.«[1]

Aus den überlieferten Äußerungen, die fast alle zwischen
Verwerfung und, bestenfalls, Ratlosigkeit schwanken, hebt sich
die Stimme einer Frau ab, der es gegeben war, die Vorurteile
ihrer Epoche zu überwinden. Die kleine, die große Rahel
Levin, die spätere Rahel Varnhagen schrieb zwei Tage nach
dem Tode Kleists: »Ich freue mich, daß mein edler Freund –
denn Freund ruf' ich ihm bitter und mit Tränen nach – das
Unwürdige nicht duldete; gelitten hat er genug . . . Keiner von
denen, die ihn etwa tadeln, hätte ihm zehn Reichstaler gereicht,
Nächte gewidmet, Nachsicht mit ihm gehabt, hätte er sich
ihnen nur ungestört zeigen können . . . Ich weiß von seinem
Tode nichts, als daß er eine Frau und dann sich erschossen hat.
Es ist und bleibt ein Mut. Wer verließe nicht das abgetragene,
inkorrigible Leben, wenn er die dunklen Möglichkeiten nicht
noch mehr fürchtete?«[2]

Ist es ein Zufall, daß Kleists Ende so unbefangen und so hoch-
herzig gerade von einer Jüdin gesehen wurde? Günter Blöcker
trifft in seinem hervorragenden Kleist-Buch den Kern der Sache.
Rahel Varnhagen habe – erklärte er – »die sonderbare Situations-
verwandtschaft erkannt, die zwischen ihr und dem mit seiner
Herkunft zerfallenen Dichter bestand. Beide waren sie Außenseiter: sie durch Geburt, er durch seelische Beschaffenheit und
Entschluß. Beide sahen sie sich genötigt, eine eigene Welt jenseits der gesellschaftlich anerkannten zu errichten.«[3]

Ja, ein Außenseiter, ein Ausgestoßener, ein Paria war es, der
sich und seine Gefährtin am Kleinen Wannsee erschossen hatte
– und nicht ein Liebender. Man hat gesagt, Kleist und Henriette
gingen nicht in den Tod, weil sie sich liebten, vielmehr liebten

sie sich, weil sie zusammen sterben wollten. Das ist schön
ausgedrückt, nur nicht ganz richtig, weil dieses Bonmot die
Beziehung der beiden auf dem Umweg über ihre Todeswillig-
keit letztlich doch erotisch verbrämt.

Aber hat Kleist je eine Frau geliebt? War er dazu imstande?
Seine Biographen weisen auf einen eigentümlichen Umstand
hin: Er pflegte, kaum daß es zu einer Annäherung an eine Frau
gekommen war, diese wieder fluchtartig zu verlassen. Man
spricht von sich wiederholenden überstürzten Abreisen. Gewiß, es gibt viele Liebesbriefe von seiner Hand, zumal die an
seine Braut Wilhelmine von Zenge. Doch läßt sich nicht übersehen, daß in diesen bemühten und überschwenglichen und oft so
verkrampft anmutenden Briefen besonders zärtlich nicht etwa
jene Passagen sind, in denen von der Adressatin die Rede ist,
sondern von einem Mann, von Kleists Freund Ludwig von
Brockes.

Die glühendsten, die leidenschaftlichsten Liebesbriefe des
größten Dichters der Preußen sind an Männer gerichtet, so
etwa an Rühle von Lilienstern, dem er die Sehnsucht bekennt,
»die ich nach Dir, d. h. nach der *innigen Ergreifung* Deiner mit
allen Sinnen, inneren und äußeren, spüre«.[4] Nicht weniger
deutlich sind die Briefe an den Freund Ernst von Pfuel, von
denen ich hier nur einen zitieren möchte: »Ich hätte bei Dir
schlafen können, Du lieber Junge; so umarmte Dich meine
ganze Seele! Ich habe Deinen schönen Leib oft, wenn Du in
Thun vor meinen Augen in den See stiegest, mit wahrhaft
mädchenhaften Gefühlen betrachtet . . . Dein kleiner, krauser
Kopf, einem feisten Halse aufgesetzt, zwei breite Schultern, ein
nerviger Leib, das Ganze ein musterhaftes Bild der Stärke . . .
Geh mit mir nach Anspach, und laß uns der süßen Freundschaft
genießen . . . Ich heirate niemals, sei Du die Frau mir, die
Kinder und die Enkel!«[5]

Man sollte nicht etwa meinen, wir hätten es hier mit pubertä-
ren Anwandlungen zu tun: Als Kleist diese Briefe schrieb, war
er 28 Jahre alt. Nein, es kann nicht ernsthaft bezweifelt werden,

daß es in seiner Persönlichkeit zumindest eine homoerotische Komponente gab und daß sein Wesen und sein Werk von dieser Komponente vielleicht sogar entscheidend mitgeprägt wurde. Daß er je, wie man früher zu sagen pflegte, eine Frau berührt oder eine solche Beziehung auch nur angestrebt hätte, hielten seine Freunde für unwahrscheinlich, wenn nicht ausgeschlossen.

Die Frage drängt sich auf, ob seine trunkene und schwärmerische, seine oft schon rasende und tobende Sinnlichkeit hier ihren tiefsten Ursprung habe: Enorm und einzigartig war die Kraft Heinrich von Kleists, doch konnte sie sich immer nur im Wort entladen. Und vieles spricht dafür, daß die Einsamkeit, an der er sein ganzes Leben lang litt und die er mit Hunderten und Tausenden von sprachgewaltigen, allerdings häufig sehr redseligen Briefen zu verdrängen und zu überspielen versuchte, auch mit seiner sexuellen Konstitution zu tun hatte.

Sicher ist: Ihm war es nicht vergönnt, das Dasein zu genießen. 1801 gestand er einem seiner Freunde, daß sich sein »töricht überspanntes Gemüt« nie an dem erfreuen könne, was ist, sondern immer nur an dem, was nicht ist. So scheint ihm wahre Glückseligkeit nicht der Gedanke an das Leben bereitet zu haben, sondern stets nur der an den Tod. Das ist der rote, richtiger, der schwarze Faden, der sich durch seine Korrespondenz zieht.

Nicht selten wollte er in diesen Briefen Menschen, die ihm nahe standen, verführen – aber in der Regel nicht zum gemeinsamen Leben, vielmehr zum gemeinsamen Tod. Andere machten Heiratsanträge, er Todesanträge. Und noch in dem Brief, in dem er sich wenige Stunden vor seinem Tod von der übrigens sechzehn Jahre älteren Seelenfreundin, seiner Verwandten Marie von Kleist, verabschiedete, bat er diese gleichsam um Verständnis, daß er statt mit ihr mit einer anderen sterben werde. Er schrieb: »Erinnerst Du Dich wohl, daß ich Dich mehrmals gefragt habe, ob Du mit mir sterben willst? – Aber Du sagtest immer nein.«[7]

Zugleich erklärte er einfach und freimütig, was Henriette Vogel ihm bedeute: »Der Entschluß, der in ihrer Seele aufging, mit mir zu sterben, zog mich, ich kann Dir nicht sagen, mit welcher unaussprechlichen und unwiderstehlichen Gewalt, an ihre Brust.«[8] Das ist alles: Er hat sie nicht gesucht, er hat sie vielmehr, wenn auch mit wachsender Begeisterung, akzeptiert. Sie war für ihn nicht mehr und nicht weniger als die willkommene, die dringend benötigte Gefährtin. Denn er, der den letzten Gang offensichtlich nicht allein gehen wollte, sei, schreibt Kleist, dank Henriette – »zum Tode ganz reif geworden«. Sie habe seine »Traurigkeit als eine höhere, festgewurzelte und unheilbare« begriffen.[9]

Aber so gewiß Kleists Todesverlangen eben eine höhere, eine festgewurzelte und unheilbare Sucht war, so wenig dürfen wir vergessen, daß Henriette Vogel gerade in jenem Augenblick seines Lebens aufgetaucht war, in dem ihm die Verwirklichung des lang gehegten Todeswunsches unaufschiebbar schien. Dazu hatten aber nicht irrationale Umstände beigetragen, sondern sehr reale Fakten, deren Einfluß wir keineswegs unterschätzen sollten.

Was immer er im Leben getan hatte, er war gescheitert: als Offizier und als Liebender, als Schriftsteller und als Redakteur. Das Jahr 1811 brachte ihm eine Niederlage nach der anderen: Die von ihm redigierten »Berliner Abendblätter« mußten ihr Erscheinen einstellen; und nachdem das Königliche Schauspielhaus sein »Käthchen von Heilbronn« abgelehnt hatte, wurde nun der »Prinz von Homburg« am Hofe negativ aufgenommen und konnte nicht gedruckt werden. In materieller Hinsicht war er geradezu ruiniert, es fehlte ihm am Nötigsten. Er richtete Bitt- und Bettelbriefe: an den König, an den Prinzen von Preußen und, vor allem, an den Staatskanzler Hardenberg. Sie führten zu nichts.

Ein Besuch bei seiner Familie in Frankfurt an der Oder verlief offenbar katastrophal: Man habe ihn, berichtet Kleist in einem seiner letzten Briefe, als ein »ganz nichtsnutziges Glied der menschlichen Gesellschaft« betrachtet, »das keiner Teilnahme mehr wert sei«.[10] Noch einmal bat er Hardenberg um Hilfe – um ein Darlehen von zwanzig Louisdor. Eine Antwort hat er nie erhalten. Als die Nachricht von seinem Tode eintraf, vermerkte Hardenberg am Rande des Gesuchs: »Zu den Akten, da der p.v. Kleist 21. 11. 11. nicht mehr lebt.«[11]

Wie kein anderer Selbstmord in der Geschichte der deutschen Literatur – und wahrlich, es ist kein Mangel an Selbstmorden in dieser düsteren Geschichte – hat das Ende Kleists nicht aufgehört, die Nachgeborenen zu faszinieren; und es mag sein, daß man sich bisweilen auch heutzutage für die *Person* des Dichters mehr oder noch mehr interessiert als für seine Dichtung: Immer noch sieht man Kleist im Lichte jenes trüben Novembertages, an dem er die letzte Konsequenz gezogen hat. Die Einheit von Literatur und Leben scheint hier aufs vollkommenste erreicht. Anders ausgedrückt: Kleists Tod wird als Beglaubigung seines Werks verstanden.

Was aber beglaubigt der Tod der Frau, die sich von ihm erschießen ließ, die zusammen mit ihm begraben liegt und deren Namen man auf dem Grabstein vergeblich sucht? Die Antwort auf die Frage, warum Kleist sterben wollte, ist in seiner Biographie zu finden. Wie aber sollen wir die Frage beantworten, warum Henriette Vogel sterben wollte, wenn wir zwar über den Zustand ihres Körpers nach ihrem Tod aus dem Obduktionsbericht des Kreisphysikus ziemlich genau informiert sind, doch über ihr Leben fast nichts wissen?

Die Zeitgenossen machten es sich einfach: Sie führten ihren Todeswunsch auf ihren gesundheitlichen Zustand zurück, auf die unheilbare Krankheit – es war Unterleibskrebs –, an der sie gelitten hat. Ansonsten sparte man nicht mit bösen Worten: Man nannte sie eitel und ruhmsüchtig, eine Verderberin und einen weiblichen Teufel und schob ihr mitunter die ganze Schuld am Tod Kleists zu. Marie von Kleist bezeichnete sie nicht nur als häßlich, sondern auch als alt. Aber nicht einmal dies ist genau überprüfbar: Henriette Vogel war, als sie starb, den einen Quellen zufolge 31, doch anderen zufolge 34 Jahre alt.

Die Kleist-Literatur hat ihr nur wenig Aufmerksamkeit gewidmet, meist wurde sie auffallend kurz und unfreundlich behandelt, sie gilt als eine Person, die man nicht ignorieren kann, für die sich aber größeres Interesse schwerlich aufbringen läßt. Blöcker spricht von einer »Figur ohne persönliches Eigengewicht«.[12] Es mag sein, daß solche und ähnliche Urteile Karin Reschke angeregt haben, das Porträt dieser Frau zu zeichnen, und damit zu beweisen – sofern die Kunst etwas beweisen kann –, daß jene, mit der Kleist gestorben ist, mehr oder zumindest anders war, als die Literaturwissenschaft meint.[13]

Die Geschichte der »Verfolgten des Glücks« (so der Titel) ergibt sich aus dem »Findebuch der Henriette Vogel« (so der Untertitel), einem Konvolut von Briefen und Briefentwürfen, von Skizzen und kulturgeschichtlichen Beschreibungen, von Märchen und Erzählungen und, vor allem, von vielen Tagebucheintragungen. Wir haben es also nicht mit einem einheitlichen epischen Gebilde zu tun und schon gar nicht mit einer geschlossenen Ganzheit. Diese war auch nicht angestrebt. Ihr Findebuch, sagt Karin Reschkes Henriette selber, enthalte nicht mehr als »den kurzen Umriß meines unfertigen Lebens«. Es sind Bruchstücke einer Autobiographie, die hier geboten werden – und gerade dem Fragmentarischen verdankt das Buch den Anschein des Authentischen.

So wird hier aus der Perspektive einer einzigen Person erzählt, eben der Henriette. Aber Karin Reschke hütet sich, sie zu überfordern: Ihre Heldin ist nicht klüger oder gar vorausschauender, als es eine intelligente und empfindliche Frau um 1800 oder 1810 sein konnte – und sie ist auch keineswegs frei von den Vorurteilen der Epoche. Nur mit *einer* außerordentlichen Gabe hat die Autorin des Buches »Verfolgte des Glücks« dessen Ich-Erzählerin ausgestattet: Sie kann vorzüglich schreiben – so gut schreiben wie Karin Reschke.

Das ist wohl das Überraschendste und Erfreulichste an diesem Prosaband: seine stilistische, ich zögere nicht zu sagen, Virtuosität. Karin Reschke vermochte eine Diktion zu finden, die sich dem Sprachgestus der Kleist-Epoche nähert, ohne indes künstlich oder konstruiert oder gar verstaubt zu wirken. Im Gegenteil: Dieser Stil ist von verblüffender Unmittelbarkeit und Frische und vereint in so hohem Maße Anschaulichkeit mit Musikalität, daß es uns leicht fällt, über gelegentliche Schwächen des Buches, zumal in seinem Mittelteil, hinwegzusehen.

Die andere große Überraschung: Während Henriette Vogel nach Ansicht der meisten Forscher bloß ein willkommener Zufall am Ende des Lebensweges von Kleist war, kann man hier den Eindruck gewinnen, Kleist sei kaum mehr als ein glücklicher Zufall im Leben der Henriette gewesen. Mit anderen Worten: Während sie bisher nur eine Fußnote in der Biographie Kleists war, ist jetzt Kleist eine Fußnote in der ihrigen. Er tritt erst in den letzten Kapiteln des Buches auf und bleibt auch dann im Hintergrund.

Aber gibt es vielleicht auch Eigenschaften, die diese beiden so verschiedenen Menschen, die unbedeutende, die mittelmäßige Frau und der geniale Dichter, doch miteinander gemein haben? Karin Reschkes Henriette blickt auf eine traurige Kindheit zurück. Ihre Mutter – ein »Mannweib«, das, kaum daß sie das Kind zur Welt gebracht hat, von der Familie nichts mehr wissen wollte – war für sie nur die »fremde Gebärerin«. Rasch verlobt sich Henriette mit einem preußischen Finanzbeamten, von dem sie hören muß: »Sie sind ein überspanntes Kind und wollen alles auf einmal.«

Ja, das will sie: Im Überschwang möchte sie den Globus fassen, sie brennt darauf zu sehen, »wie die Welt sich dreht« – und eben deshalb führt sie ein Tagebuch. Doch bald weicht ihr Übermut der Schwermut. Die Ehe bereitet ihr nur Enttäuschungen: Die Zärtlichkeit, die ihr in der Kindheit verweigert wurde, muß sie wieder vermissen. Der träumerisch veranlagten jungen Frau, der es offenbar nicht leicht fällt, sich im Alltag zurechtzufinden, kann der keineswegs böse, doch nur brave

Ehemann schwerlich gerecht werden. Zwischen ihr und diesem Mann gibt es schließlich »die Übereinkunft, sich im Schweigen zu ertragen«. Das Gefühl der Fremdheit im eigenen Haus und der eigenen Familie macht ihr zu schaffen. Vergeblich sucht sie eine Aufgabe im Leben, sie empfindet ihr Dasein, obwohl sie doch Mutter ist, als sinnlos, sie fragt sich, wozu sie denn auf dieser Welt sei. Sie wird immer einsamer: »Spür ich doch mit jedem Tag, den ich fortlebe, die Leere in mir. Die Worte, die mir aus dem Munde kommen, sind niemandem Bestimmten zugedacht.«

Geht Henriette etwa zugrunde, weil ihr die hartherzige oder egoistische preußische Männerwelt jener Zeit die individuelle Selbstentfaltung, die – um ein modisches Wort zu verwenden – Selbstverwirklichung unmöglich macht? Wer das Buch als eine gleichsam aus feministischer Sicht geschriebene Geschichte liest, der mißversteht, was Karin Reschke gewollt und geleistet hat. Was hier geschieht, spielt sich auf einer anderen Ebene ab. Sophie, eine historische Figur übrigens – es handelt sich um die Geliebte und die spätere Ehefrau Adam Müllers –, sagt einmal zu Henriette: »Sie sind viel allein, vergraben sich, und wenn man sie zu sehen bekommt, tragen Sie eine Leidensmiene zur Schau. Ganz wie unser Freund Kleist.« In der Tat: Das ist es, was die beiden vor allem miteinander gemein haben – ihre außerordentliche Leidensfähigkeit.

Scharf und kritisch betrachtet Henriette ihre Umgebung, aber letztlich leidet sie nicht an der Welt, sondern an sich selber, an ihrem unerfüllten Anspruch auf Glück, auf Liebe. Sie beneidet ihre Zofe und Bedienstete, die es leichter hat mit den Männern, sie beneidet Sophie, die den Mut hat, ein Kind von Adam Müller, mit dem sie noch nicht verheiratet ist, zur Welt zu bringen, sie klagt über die rohe Sexualität ihres Mannes und stellt resigniert fest: »Den Menschen gibt's nicht, den man wünscht.« Und insgeheim denkt wohl auch sie wie Penthesilea, die »Verlorenste der Fraun«: »Staub lieber, als ein Weib sein, das nicht reizt.«

Auch dies, den, wenn man so sagen darf, unentwegt schei-
ternden Anspruch auf Liebe, hat Karin Reschkes Henriette mit
Kleist gemein. In einem Brief schrieb er: »Wir begegnen uns,
drei Frühlinge lieben wir uns, und eine Ewigkeit fliehen wir
wieder auseinander! Und was ist des Strebens wert, wenn es die
Liebe nicht ist!«[14] Verbirgt sich also in diesem fiktivem Journal
Henriette Vogels auch ein Liebesroman? Ja, wenn man so ein
Buch nennen darf, das immer wieder, bisweilen direkt, häufiger
noch indirekt und zwischen den Zeilen, von der Sehnsucht nach
Liebe spricht und dessen Motto die Worte sein könnten, die
Kleist seinen Jupiter sagen läßt: »Ach Alkmene! Auch der
Olymp ist öde ohne Liebe!«

Am schönsten und am eindringlichsten formuliert Karin
Reschke diese Sehnsucht in einer kleinen Erzählung, die sich, so
sollen wir glauben, Henriette von der Seele schreiben mußte. Es
ist die Geschichte einer Frau, die den Mut und die Kraft hat,
mit ihrem bisherigen Leben zu brechen und in die Haut einer
anderen zu schlüpfen, um ein neues Leben zu beginnen. Mit
diesem im makellosen Kleist-Ton verfaßten Märchen erreicht
das Buch seinen bewundernswerten Höhepunkt. Aber von
einem solchen Aufbruch, von einem Neuanfang, konnte Henriette nur noch träumen: Er war ihr nicht beschieden. So blieb
ihr nur noch ein einziger Weg. Jener berühmte Satz aus Kleists
Abschiedsbrief an seine Schwester Ulrike gilt für Henriette
Vogel ebenfalls: Die Wahrheit ist, daß auch ihr auf Erden nicht
zu helfen war.

In einem anderen, viel früheren Brief schrieb Kleist über
einen Freund: »Er kann, wie ein echter Redekünstler, sagen,
was er will, ja er hat die ganze Finesse, die den Dichter
ausmacht, und kann auch das sagen, was er *nicht* sagt.«[15] Daß
sie sagen kann, was sie will, und daß sie zugleich die Finesse
hat, auch das zu sagen, was sie *nicht* sagt – dafür haben wir
Karin Reschke respektvoll zu danken.   (1983)

HERMANN BURGER,
DER SPIELMEISTER VOR DEM ABGRUND

Ein Dichter sei – schrieb Thomas Mann – »ein auf allen Gebieten ernsthafter Tätigkeit unbedingt unbrauchbarer, einzig auf Allotria bedachter . . . Kumpan, . . . ein innerlich kindischer, zur Ausschweifung geneigter und in jedem Betrachte anrüchiger Scharlatan«[1]. Ja, das ist schon richtig – die Dichter und die Schriftsteller, sie gehören nicht gerade zu den soliden Bürgern, zu den seriösen Individuen.

Aber diesen häufig, vielleicht sogar vor allem auf Allotria bedachten Kumpanen, die überdies mit dem denkbar flüchtigsten Material arbeiten, nämlich mit dem Wort, verdanken wir Produkte von erstaunlicher, von nie überbotener Beständigkeit. Die Akropolis ist nur noch eine Ruine, wenn auch eine wunderbare. Die Orestie des Äschylus hingegen ist so herrlich wie am ersten Tag. Einer dieser anrüchigen Scharlatane hatte die Kühnheit zu verkünden: »*Exegi monumentum aere perennius.*« Zeugt dieses Wort – »Ich habe ein Denkmal errichtet, das dauerhafter als Erz« –, zeugt es nicht von Hybris und Größenwahn? Schon möglich, nur sind die einst stolzen Bauten des alten Rom längst verwittert, wenn nicht zerfallen, während den Oden des Horaz die Jahrtausende nichts anhaben konnten. Als Hölderlin seine Hymne »Andenken« abschloß mit der berühmten Zeile »Was bleibet aber, stiften die Dichter«, da hatte er damit nichts Neues gesagt, wohl aber für eine schon eingebürgerte Einsicht den definitiven Ausdruck gefunden.

Doch ob seine Werke ihn überleben oder nicht, auf jeden Fall gilt der knappe Befund: »Der Schriftsteller ist kein vernünftiges Wesen.« Der dies geschrieben hat, der Schweizer

Hermann Burger, weiß, wovon er redet. Und er zielt mit dem kritischen Wort nicht nur auf seine Zunft, er meint zugleich sich selber. Denn auch Burger ist aus dem Geschlecht der Geschlagenen und der Gezeichneten, der Gejagten und der Getriebenen und also der ewigen, der vielleicht unheilbaren Monomanen. Auf ihn kann man sich nicht verlassen, er gehört zu den ganz und gar unsicheren Kantonisten unter den Schriftstellern. Aber Literatur, die zählt, schreiben immer nur jene, auf die man sich nicht verlassen kann, weil sie, anders als die Ordentlichen und die Mittelmäßigen, unberechenbar sind.

Befragt vom Magazin der »Frankfurter Allgemeinen Zeitung«, was sein größtes Unglück sei, antwortete Burger: »Eine moderne Zivilisationskrankheit: die Depression.« So könnte auch jede seiner Figuren antworten. Es sind, wie er selber, Sorgenkinder des Lebens, wunderliche und eben nicht ganz seriöse Individuen, einsame und egozentrische Existenzen. Ob sie es wollen oder nicht – diese Sonderlinge, diese Außenseiter der Gesellschaft agieren stets in einem isolierten Bereich, sie haben kein Gegenüber, keinen Partner, sie sind zu einem monologischen Dasein verurteilt. Der Boden unter ihren Füßen schwankt.

Verstoßene sind es und Zerrissene – wie der Held des finsteren, des acherontischen Romans »Schilten«, der Lehrer Armin Schildknecht, der in einem abgelegenen Aargauer Tal den Schuldienst versieht. Doch nicht für das Leben will er seine Schüler vorbereiten, sondern für den Tod, und daher unterrichtet er nicht Heimatkunde, sondern Friedhofkunde. Burgers Geschöpfe mögen die Hilfe der Medizin in Anspruch nehmen oder auch nicht – Leidende, Patienten also, sind sie allemal. In Abwandlung der immer wieder zitierten Formulierung von Goethe, seine Werke seien »Bruchstücke einer großen Konfession«, kann man jene Burgers als Bruchstücke einer großen Krankheitsgeschichte bezeichnen. Und während Kafka in einer Tagebuchnotiz das »Schreiben als Form des Gebetes« definierte und postulierte, ist es für Burger, der an diese Äußerung unmißverständlich anknüpft, eine Form von Gesprächstherapie, genauer: »Selbstgesprächstherapie«.

Seine Romane und Erzählungen sind Dokumente einer Obsession, indes haben wir es nicht etwa mit soziologischen oder gar mit medizinischen Fallstudien zu tun, vielmehr mit literarischen Kunstwerken. Sie stammen aus der Feder eines Autors, der beides zugleich und auf einmal ist – ein Wissenschaftler und ein Dichter. Also ein *poeta doctus*? Das ist ein ehrenwerter Begriff, nur leider belastet mit einem etwas zweifelhaften Ruf. Natürlich lieben wir alle die Poesie und natürlich schätzen wir alle die Wissenschaft, doch mit der Verkopplung der beiden Kategorien können sich manche von uns nicht leicht abfinden. Ein gelehrter Dichter – das klingt sehr würdig und etwas langweilig. Und ein dichtender Gelehrter? Das erinnert fatalerweise an Eunuchen, an jene also, die zwar wissen, wie man es tut, aber es selber nicht können.

Keinem ist diese heikle Frage besser, schmerzhafter vertraut als Hermann Burger. Ihn braucht man nicht daran zu erinnern, daß einer, der beide Funktionen vereint, daß also der Erzähler oder der Lyriker, der zugleich Literaturwissenschaftler ist, sich selber im Wege steht, daß der Historiker dem Künstler gleichsam ein Bein stellt: »Der Schöpfungsakt« – schreibt Burger – »ist zu bewußt, als daß er noch vollzogen werden könnte. Es besteht die große Gefahr, daß man sein Produkt analysiert und kritisiert, bevor es entstanden ist, daß man interpretiert und einstuft und darüber die Darstellung vernachlässigt oder gar vergißt.«[2]

So bedroht das Gespenst der Abstraktion jenen, dessen Wahrheit immer konkret ist – den Künstler, den schon Goethe, der das Abstrakte verpönte, ohne Umschweife aufforderte, zu bilden und nicht zu reden. Diesem Gespenst vermochte Burger in dem Roman »Schilten« noch nicht ganz zu entgehen, aber er hat es in dem Erzählungsband »Diabelli« ebenso wie in seinem großen Roman »Die Künstliche Mutter« lachend in die Flucht geschlagen. Hier zeigte es sich: Er ist ein seltener Vogel –

nämlich ein Philologe mit Phantasie, ein Wissenschaftler mit Verve, ein Germanist mit Geschmack.

Den Gefahren, denen seine Prosa gelegentlich ausgesetzt ist, begegnet Burger mit Witz und Humor. Ihn schützt die pralle Sinnlichkeit, ihn rettet die Fabulierkunst des skurrilen und gleichwohl urwüchsigen Erzählers. Wenn er ein Melancholiker ist, dann einer, der – wie der Großillusionist Grazio Diabelli – »Depressionen komprimiert und in Verblüffungseffekte transformiert«. Dem Zirzensischen gilt seine Leidenschaft, das Artistische ist sein Element. »Hätte man mich« – sagt eine seiner Figuren – »die Welt erschaffen lassen, ich hätte sie von Anfang an als Circus erschaffen . . .« Und noch am Rande des Abgrunds fungiert Burger, besessen und doch in bester Laune, als ein umsichtiger, ein souveräner *magister ludi.* Doch zu beneiden ist dieser Spielmeister nicht, denn er gehört zu jenen Artisten, die immer wieder aufs Ganze gehen müssen und stets nur ohne Netz arbeiten können.

Für keines seiner Bücher gilt dies mehr als für den Roman »Die Künstliche Mutter«, sein kuriosestes, aber auch sein reichstes und tiefstes Werk. Es ist die höchst vertrackte Geschichte eines Schweizer Dozenten, dessen Leben im Zeichen einer Frau steht, doch nicht einer, die er liebt, sondern die er haßt: Der unglückselige Dozent ist ein Muttergeschädigter, der gejagt und gequält wird wie Orest, der Sohn Klytämnestras – nur eben nicht von Erinnyen, sondern von Traumata und Komplexen. Seit Jahren von Arzt zu Arzt, von Labor zu Labor wankend, landet er, der »Omnipatient« und »Patientissimus«, schließlich in einem (von Burger erfundenen) unterirdischen Gotthardsanatorium: Ihn, den mit der Impotenz geschlagenen Intellektuellen, zieht es dorthin, wie einst den Tannhäuser in den Venusberg, und dort bemüht man sich um ihn wie einst um Hans Castorp im Zauberberg.

Am Ende kann er, nachdem er viele Abenteuer durchstehen und allerlei Erfahrungen machen mußte und nachdem sogar die Sprecherin der Tagesschau vom Norddeutschen Rundfunk um sein Wohl bemüht war, der mysteriösen Klinik entkommen: Seine Wiedergeburt ist perfekt, er hat begriffen, daß es darauf ankommt, die Erde zu umarmen: »bis wir die schwierige Wissenschaft gelernt haben, einfach da zu sein«. Das ist freilich, wie Burger selber zugibt, nur eine »simple Wahrheit«. Wem sie nicht genügt, der mag bei Ingeborg Bachmann, der Unvergessenen, nachschlagen, die dasselbe poetischer ausgedrückt hat: »Nichts Schönres unter der Sonne als unter der Sonne zu sein.«

Wie ist nun diese »Künstliche Mutter« einzuordnen? Haben wir es mit einem Schelmenroman zu tun? Oder eher mit einem Erziehungsroman? Gehört das Buch zur realistischen Epik, wobei allerdings niemand recht weiß, was heutzutage als realistische Literatur gelten kann? Oder sollte man von phantastischer Literatur sprechen, also eine Kategorie ins Spiel bringen, der man schon deshalb mißtraut, weil sie an etwas so Dubioses denken läßt wie *Science Fiction*? Man kann solche Fragen noch lange aneinanderreihen, und wenn man will, läßt sich jede bejahen. Doch spricht es nicht gegen ein literarisches Werk, daß es in keines der bestehenden Schubfächer paßt und daher den Theoretikern Kummer bereitet.

Ein außergewöhnliches Buch ist es bestimmt: Auf jeder Seite wimmelt es hier von kulturgeschichtlichen Reminiszenzen, literarhistorischen Analogien und theologischen Verweisen, von gelehrten und amüsanten Zitaten und Anspielungen. Wer glaubt, alles verstanden zu haben, der ist dem Autor, diesem trotzigen Tüftler, diesem helvetischen Schalk in die Falle gegangen. Wer indes die Hälfte zu entschlüsseln vermochte, der sieht sich schon reich beschenkt. Dennoch ist die »Künstliche Mutter« keineswegs mit Bildung überfrachtet: In diesem Roman halten sich Substanz und Brillanz, Intellektualität und Vitalität scheinbar mühelos die Waage – und dies vielleicht deshalb, weil in Burgers Diktion ebenfalls das Bravouröse, das Artistische triumphiert. Er ist ein Meister der Rhetorik, wenn auch einer besonderen, einer oft unheimlichen Rhetorik.

In einem seiner Aufsätze zitiert er Ingeborg Bachmanns

wenig bekanntes Gedicht »Wahrlich«, in dem sich die Verse finden: »Wem es ein Wort nie verschlagen hat, /. . ./ dem ist nicht zu helfen.« Und so widersprüchlich dies auch anmuten mag: Burger ist in höchstem Maße wortgewandt und doch ein Dichter, dem das Wort immer wieder verschlägt. Zwischen einer bisweilen schon hypertrophen Beredsamkeit und einer mitunter erschreckenden Sprachlosigkeit schwankend, artikuliert er sein Lebensgefühl.

Ähnlich wie bei Thomas Bernhard dominiert auch in Burgers Prosa die Suada der Verzweiflung, die Eloquenz der Todesangst. Aber während dem Bernhardschen Werk eine in der deutschen Gegenwartsliteratur einzigartige Negativität zugrunde liegt, freilich eine, die nicht, wie manche leichtsinnig meinen, dem Haß entspringt, vielmehr jenen ambivalenten Gefühlen, für die wir das schöne deutsche Wort »Haßliebe« haben, folgt Burger einem anderen Impuls. Allen Enttäuschungen und aller Bitterkeit zum Trotz ist seine Weltsicht frei von wütender Ablehnung, frei von Negativität. Das fundamentale Element seines epischen Universums ist nichts anderes als die Sehnsucht des Individuums nach Selbstverwirklichung, also dessen Hoffnung, es werde ihm gelingen, den Gegensatz von Wollen und Können irgendwann doch zu überwinden.

Aber dieser sonderbare Schweizer Wissenschaftler, von dem Burger erzählt, dieser bisweilen schon etwas larmoyante Mann, der sich um die Welt nur wenig kümmert und sich immer wieder mit der eigenen Person beschäftigt, dieser mittlerweile professionelle Spezialist für die Selbstbeobachtung und die Selbsterforschung, ist er denn eigentlich so wichtig, daß auch wir uns mit ihm befassen sollten? Er sei, heißt es, von Beruf *Privat*dozent, wie es vom Helden einer der Erzählungen des Bandes »Diabelli« hieß, er sei ein »*Privat*anarch«. In der Tat, die »Künstliche Mutter« ist ein sehr privates, ein streckenweise schon intimes Buch.

Nur wäre zu fragen, ob der irrende, der leidende Intellektuelle, der unsere Welt zu ignorieren versucht, ja ihr entfliehen

möchte, nicht doch charakteristisch und exemplarisch für eben-
diese unsere Welt ist? Kommt hier nicht im Individuellen und
Privaten das Zeitkritische, das Allgemeine zum Vorschein? Sind
es nicht die Erlebnisse gerade des Exzentrikers, die uns das
Zentrale erkennen lassen?

In seinem Roman »Mein Name sei Gantenbein« schrieb
Burgers Landsmann Max Frisch: »Manchmal scheint auch mir,
daß jedes Buch, so es sich nicht befaßt mit der Verhinderung
des Kriegs, mit der Schaffung einer besseren Gesellschaft und
so weiter, sinnlos ist, müßig, unverantwortlich . . . Es ist nicht
die Zeit für Ich-Geschichten. Und doch vollzieht sich das
menschliche Leben oder verfehlt sich am einzelnen Ich, nirgends sonst.« Seitdem sind bald zwanzig Jahre vergangen – und
es ist immer noch, es ist wieder die Zeit für Ich-Geschichten.
Von *seinen* Leiden, von *seiner* Angst vor dem Tod und also vor
dem Leben erzählt Hermann Burger, der Ich-Besessene, in dem
Roman »Die Künstliche Mutter«. Aber seine Leiden – sind es
nicht auch die unsrigen? Seine Angst – ist es nicht auch unsere
Angst?   (1983)

NOTIZEN ZUR TRADITION

Für Walter Jens

Das Thema ist unbeliebt, man greift es ungern auf: Von Tradition spricht man in Deutschland meist nur aus Pflichtgefühl und dann vor allem, wenn man glaubt, ihr Fehlen beklagen zu müssen. Ricarda Huch ging in einer 1931 gehaltenen Rede sogar so weit, knapp und streng zu erklären: »Deutschland als Gesamtheit hat keine allen faßliche, alle beherrschende Tradition.«[1] Und bei Nietzsche lesen wir: »Was heute am tiefsten angegriffen ist, das ist der Instinkt und der Wille zur Tradition.«[2] Man sei bemüht, den »Sinn für Überlieferung mit den Wurzeln herauszureißen«.

Kein Zweifel, um das Verhältnis zur Tradition ist es in Deutschland nach wie vor schlecht bestellt. Und wer sich hierzulande offen und ostentativ zur Tradition bekennt, muß damit rechnen, daß man ihn rasch als konservativ abstempelt; und nicht immer ist man bereit, zwischen dem Konservativen und dem Reaktionären genau zu unterscheiden. Tradition – heißt es in Meyers Neuem Lexikon von 1981 – ist »das, was die Generationen verbindet, zwischen Vergangenheit und Zukunft Kontinuität stiftet«. Eben davon will man nicht viel wissen. Man fängt gern von neuem an. Das ist verständlich und noch keineswegs verwerflich. Bedenklich wird es erst da, wo man von neuem anfängt, weil man das Alte nicht kennt oder nicht kennen will. Und wo man nur so tut, als würde man von neuem anfangen. Die so häufig verwendete Bezeichnung »das Jahr Null« läßt ja mehr als die Sehnsucht nach einem Neubeginn erkennen; hier wird auch das Bedürfnis spürbar, das Geschehene zu verdrängen, die Vergangenheit zu vergessen. Man nimmt die Tradition als Fatalität, mit der man sich wohl oder übel abfindet.

Wie auch immer: Deutschland ist das exemplarische Land der kontinuierlichen Traditionsbrüche und der traditionellen Diskontinuität. Nirgends, so will es scheinen, wird dies deutlicher als in der Geschichte der deutschen Literatur. Anders als in England oder Frankreich, Spanien oder Italien gerieten in Deutschland immer wieder große deutsche Schriftsteller und bisweilen sogar ganze Epochen der deutschen Literatur in nahezu gänzliche Vergessenheit und mußten erst neu entdeckt werden.

So entdeckten die Romantiker die mittelhochdeutsche Dichtung, von der man um 1800 so gut wie nichts mehr wußte. Aber sie selber, die Romantiker, waren in der zweiten Hälfte des neunzehnten Jahrhunderts schon fast unbekannt, niemand glaubte, es lohne sich, ihre Werke zu lesen. Erst eine unabhängige junge Schriftstellerin und Wissenschaftlerin, Ricarda Huch, die sich um die Anschauungen und Konventionen der zünftigen Germanisten nicht kümmerte, gab mit ihrem um die Jahrhundertwende publizierten Werk über die Romantik den entscheidenden Anstoß zur Wiedergeburt dieses einzigartigen Zeitalters der Kunst und Literatur, der Kulturgeschichte. Erst die Expressionisten erkannten die Größe Hölderlins und Büchners, die bis dahin sträflich vernachlässigt wurden. Erst in unserem Jahrhundert entdeckte man eine gewaltige Epoche der deutschen Dichtung, für die es bis dahin nicht einmal eine Bezeichnung gab – die Barockliteratur. Und noch ein Beispiel aus der Musikgeschichte: Bach war in der ersten Hälfte des neunzehnten Jahrhunderts nahezu gänzlich vergessen, erst Mendelssohn mußte die musikalische Welt mit seinen Werken bekannt machen.

Ist die Abneigung gegen die Tradition vielleicht auch schuld daran, daß die deutsche Kritik seit Lessing fast ununterbrochen um ihre Anerkennung als Institution kämpfen mußte und dieser Kampf noch immer andauert? Oder trägt die Kritik die

Verantwortung oder zumindest die Mitverantwortung für die Traditionslosigkeit in der deutschen Literatur? Sicher ist jedenfalls, daß hier ein unmittelbarer Zusammenhang besteht, eine wechselseitige Beziehung.

Doch nicht weniger verhängnisvoll als die Traditionslosigkeit ist die Kehrseite, der Traditionalismus. Dieser verwechselt das Überlieferte mit dem Herkömmlichen, an dem er, das Neue in der Regel ablehnend, krampfhaft festhält. Den Traditionalismus meinte Goethe, als er Mephisto in der Schülerszene sagen ließ:

> Es erben sich Gesetz und Rechte
> Wie eine ewge Krankheit fort,
> Sie schleppen vom Geschlecht sich zu Geschlechte
> Und rücken sacht von Ort zu Ort.
> Vernunft wird Unsinn, Wohltat Plage.

Zu dieser Frage kehrte Goethe häufig zurück, immer wieder warnte er vor dem unkritischen oder einseitigen Verhältnis zum Überlieferten. So 1820: »Wer bloß mit dem Vergangenen sich beschäftigt, kommt zuletzt in Gefahr, das Entschlafene, für uns mumienhaft Vertrocknete an sein Herz zu schließen.«[3]

Hinter der angeblichen Liebe zur Tradition verbirgt sich oft die bare Unempfindlichkeit, ja simple Trägheit: Man huldigt dem Vergangenen, um sich mit dem Neuen nicht befassen zu müssen, um ihm ausweichen zu können. Das Gustav Mahler zugeschriebene vielzitierte Diktum »Tradition ist Schlamperei« attackiert keineswegs die Tradition, sondern den Traditionalismus. Denn die berühmte Formel ist lediglich die überspitzte und irreführende Zusammenfassung des tatsächlichen Ausspruchs von Mahler: »Was ihr Theaterleute euere Tradition nennt, das ist nichts anderes als euere Bequemlichkeit und Schlamperei.«[4]

Wer uns angelegentlich die Verse von Hölderlin oder Mörike, von Platen oder Eichendorff empfiehlt – tut er es vielleicht auf Kosten der Lyrik von Paul Celan oder Peter Huchel? Für jene, die glauben, ignorieren zu können (und sich dessen bisweilen noch brüsten), was nach 1955, dem Todesjahr Thomas Manns, oder nach 1956, dem Todesjahr Bertolt Brechts, in deutscher Sprache geschrieben wurde, ist das Überlieferte bloß ein Asyl, in dem sie Schutz suchen vor der Moderne.

Rudolf Borchardt hat seine 1926 erschienene Anthologie »Ewiger Vorrat deutscher Poesie« betitelt. Eine von Ludwig Reiners herausgegebene und dereinst sehr populäre Anthologie nennt sich »Der ewige Brunnen«. Schon diese Titel zeugen von jenem traditionalistischen Geist, den es – eben um der Tradition willen – zu bekämpfen gilt. Denn die Dichtung kennt keinen ewigen Vorrat, keinen ewigen Brunnen. Jede Generation muß sich ihre Anthologien und Lesebücher, ihre Spielpläne neu zusammenstellen.

Daß der Traditionalismus oft politische Ursachen hat und mehr oder weniger restaurativen, jedenfalls eindeutig reaktionären Tendenzen entspricht, liegt auf der Hand: Mit der betonten Hinwendung zum Überlieferten widersetzt man sich jener Literatur oder Kunst, die das bestehende Gesellschaftssystem kritisieren oder gar gefährden könnte. So wird in der DDR die Pflege dessen, was man dort das nationale Erbe nennt, großzügig unterstützt und gefördert. Nur hat diese Liebe zur Tradition ihre Wurzel oft in der Furcht vor dem Neuen. Gewiß, man entdeckte dort den einen oder anderen vergessenen Dichter, aber man hütete sich, den Dichter im eigenen Land, einen Thomas Brasch etwa, wahrzunehmen. Man tat und tut viel, um den Werken Heines in der DDR zu neuer Popularität zu verhelfen. Und man verhinderte und verhindert dort nach wie vor die Verbreitung der Lieder Wolf Biermanns.

Auf der einen Seite die Traditionslosigkeit, auf der anderen der Traditionalismus – das sind die beiden drohenden Gefahren. Weil diese dem Überlieferten zuviel Bedeutung beimißt und jene zuwenig? Nein, es geht hier weder um Überbewertung noch um Unterschätzung. Vielmehr: Die Traditionslosigkeit verkennt und ignoriert, wo der Traditionalismus verklärt und glorifiziert. Während dieser die überlieferten Werke mumi-

fizieren und in einer Schatzkammer hüten möchte, versucht
jene sie kurzerhand vom Tisch zu fegen.

Museum oder Tabula rasa – das ist eine ebenso simple wie
fatale Alternative. Adorno, der sowohl gegen den »Aberglau-
ben ans Unvergängliche« protestierte als auch gegen die »eifrige
Angst vorm Altmodischen«, forderte »ein Verhalten, das Tradition ins Bewußtsein hebt, ohne ihr sich zu beugen. Sie ist
ebenso vor der Furie des Verschwindens zu behüten, wie ihrer
nicht minder mythischen Autorität zu entreißen.«[5]

Ob man den Geist vergangener Epochen mit höheren Wei-
hen versieht oder einfach aus dem Blickfeld verliert, ob man ihn
in Glasvitrinen deponiert oder in Mülleimer befördert, läuft im
Endeffekt nicht unbedingt auf das gleiche hinaus. Nur daß man
diesen Geist hier wie da der sachlichen Überprüfung und der
kritischen Analyse entzieht – und damit natürlich auch der
Anwendung und der Nutznießung. Gerade dies, also die kritische Untersuchung und die ständige Überprüfung, strebt aber
an oder sollte anstreben, wer sich auf die Tradition beruft.

Wo es ein starkes und tief verwurzeltes Traditionsbewußtsein gibt – so in England –, da ist es selbstverständlich, stets aufs
neue die Frage nach dem Wert gerade der am meisten gefeierten
Werke zu stellen, also die überlieferten Urteile anzuzweifeln.
Ob Shakespeare oder Milton, Byron oder Shelley – keinem
bleibt der immer wieder aufgenommene Revisionsprozeß erspart. Die Frage »*How good is Hamlet?*« ist längst zur Stan-
dardfrage der englischen Literaturbetrachtung geworden. Wie
man weiß, hat sie dem Weltruhm Shakespeares nicht geschadet.
Wer sich aber bei uns – in einem Kolloquium etwa – die
Bemerkung erlaubt, der vierte Akt des »Hamlet« sei mißlun-
gen, kann schallendes Gelächter hören: Man glaubt, er habe
einen Witz machen wollen.

Wo jedoch die Kontinuität der geistigen Leistungen schwach
ist und die Traditionsbrüche rasch aufeinanderfolgen, wo man
wenig Lust hat, sich mit den überkommenen Urteilen auseinan-
derzusetzen, da muß es um die Maßstäbe schlecht bestellt sein.

Nichts banaler als die Erkenntnis: »*Tempora mutantur, et nos mutamur in illis.*« Doch wenn sich die Zeiten ändern und wir uns in ihnen, dann ändert sich zugleich unsere Wahrnehmung der Kunstwerke der Vergangenheit. Nur unsere Wahrnehmung, unsere Perspektive? Oder vielleicht auch diese Kunstwerke selber? »Nathan der Weise« ist nach Auschwitz, obwohl sich natürlich kein Wort am Lessingschen Text geändert hat, nicht mehr dasselbe Stück wie zuvor. Der Schauspieler Ernst Deutsch hat daraus die Konsequenz gezogen: Als er in den fünfziger Jahren den Nathan spielte, erschien als Höhepunkt des Dramas nicht mehr (wie dereinst) die Ringerzählung, sondern die Pogromerzählung im vierten Akt, also der knappe Bericht über die Ermordung der Familie Nathans.

Goethe schrieb am 8. August 1822 an Zelter: »Lese ich heute den Homer, so sieht er anders aus als vor zehen Jahren; würde man dreihundert Jahre alt, so würde er immer anders aussehen.«[6] Nach Brecht bemerken wir in Shakespeares Dramen Elemente, von deren Existenz wir nichts wußten. Nach Freud verstehen wir das »Käthchen von Heilbronn« oder die »Marquise von O.« anders (und wohl auch besser) als früher. Kafka hat unsere Wahrnehmung verändert, wir nennen, was wir dank seinen Schriften in unserer Umwelt zu sehen imstande sind, »kafkaesk«. Aber zusammen mit unserer Sicht der Realität des Alltags hat Kafka auch unsere Rezeption der literarischen Werke der Vergangenheit geprägt. In den Ohren jener, die ihn gelesen haben, klingt die Prosa der deutschen Romantiker, Chamissos etwa oder E. T. A. Hoffmanns, anders als dereinst.

Es ist (oder sollte sein) ein ständiger wechselseitiger Prozeß: Das Neue schärft den Sinn für das Alte und das Alte für das Neue. Anders ausgedrückt: Es kommt darauf an, im Überlieferten das Moderne zu entdecken und im Modernen das Antiquierte zu entlarven. Man sollte die »Blechtrommel« nicht interpretieren, ohne den »Simplicissimus« des Grimmelshausen zu kennen. Doch gilt die Umkehrung ebenfalls: Auch der Grimmelshausen liest sich anders nach der Lektüre des Grass.

Dieser Rückgriff auf das Vergangene hat also nichts mit restaurativen Bestrebungen zu tun. Vielmehr erfolgt er stets um der Gegenwart willen – und nur von ihr kann er seine Rechtfertigung beziehen. Nicht die Asche suchen wir, sondern die Glut, das Feuer. Nicht das Alte wollen wir erhalten, sondern im Alten das Gute und Lebendige ausfindig machen und bewahren. Deshalb ist für uns nur jenes Traditionsbewußtsein nützlich und schätzenswert, das aus der Infragestellung des Überlieferten hervorgeht: Man muß der Tradition mißtrauen, um für sie plädieren zu können. Nichts anderes wollte Faust sagen, als er empfahl, das von den Vätern Ererbte zu erwerben, um es tatsächlich zu besitzen.

Um es auf die Spitze zu treiben und bewußt zu überspitzen: Nur wer sich der Tradition versagt, der dient ihr; wer gegen sie rebelliert, der folgt ihr. Wer hingegen das Überlieferte nicht anzweifelt, wer es unkritisch übernehmen und weitergeben möchte, der trägt dazu bei, daß es allmählich abstirbt und vergessen wird. Wer also vor den Denkmälern der Klassiker kniet, gefährdet ihren Nachruhm; eher dient ihrer Größe jener, der sie von ihren Denkmalssockeln zu stürzen versucht. Nicht die Verklärung erhält die Werke der Vergangenheit am Leben, sondern – so paradox dies auch anmuten mag – die Verwerfung, vorausgesetzt freilich, daß sie das Ergebnis einer kritischen Auseinandersetzung ist.

Die Qualität (und somit auch die Lebenskraft) der Literatur von gestern läßt sich nicht nur, aber auch an dem Widerstand ablesen, den sie heute hervorruft und der ihr heute geleistet wird. Es hat die Verbreitung der Schriften Goethes keineswegs beeinträchtigt, daß schon zu seinen Lebzeiten und erst recht in den anderthalb Jahrhunderten, die seit seinem Tod vergangen sind, nahezu jede literarische Generation zunächst einmal bemüht war, sich von ihm lauthals zu distanzieren oder gar in der Meuterei gegen ihn zu profilieren. Zum posthumen Triumph Heines haben jene kräftig beigetragen, die nicht aufhören konnten und können, ihn und sein Werk zu attackieren: So dubios die Motive und Ausreden der Düsseldorfer Universität auch waren – ihre hartnäckige und schließlich erfolgreiche Weigerung, sich nach dem größten Sohn dieser Stadt zu benennen, hat die Vitalität und die Brisanz seiner Dichtung bestätigt und ihr zu vielen neuen Lesern verholfen.

Als man 1975 Thomas Manns hundertsten Geburtstag feierte, wurde er zum Gegenstand einer Generaloffensive: Dutzende von deutschen Schriftstellern erklärten, niemand sei ihnen gleichgültiger als der Autor des »Zauberberg«. Aber sie beteuerten es mit vor Wut und wohl auch Neid bebender Stimme. Einer der Schriftsteller, die damals erbittert gegen Thomas Mann schrieben, Peter Rühmkorf, meinte, Tradition sei »der festgefrorene Gegensatz vom ›Prinzip Hoffnung‹«.[7] Dies scheint mir ein fundamentales Mißverständnis. Denn das Gegenteil trifft zu. Wahr ist nämlich, daß es weder Hoffnung noch ein »Prinzip Hoffnung« ohne Tradition gibt und geben kann. Wie der Traditionalismus den Fortschritt hemmt oder gar unmöglich macht, so wird durch die Traditionslosigkeit der Fortschritt seines Sinnes beraubt. Mit anderen Worten: Traditionsbewußtsein und Fortschritt bedingen sich gegenseitig.

Tradition begriff Ricarda Huch als »die gesiebte Vernunft des gesamten Volkes, sie trägt die Seele, den Grundwillen des Volkes aus einem Jahrhundert in das andere.«[8] Sollte also das gebrochene Verhältnis der Deutschen zur Tradition mit der Abneigung gegen die Vernunft zu tun haben, mit jener fatalen Geringschätzung, die schon darin zum Vorschein kommt, daß man die Vokabel »Vernunft« so gern und oft mit dem Adjektiv »platt« versieht?

Das Scheitern der Aufklärung in Deutschland hatte und hat viele Folgen. Zu ihnen gehören auch jene Tendenzen, die den gleichen Ursprung haben, die sich ergänzen und gegenseitig bestätigen: die Traditionslosigkeit und der Traditionalismus. Man sollte sie nach wie vor, man sollte sie gerade in unseren achtziger Jahren bekämpfen – im Geist und im Namen der Tradition.   (1983)

MOTTO UND VORWORT

1 Thomas Mann: »Briefe 1948–1955 und Nachlese.« Herausgegeben von Erika Mann. S. Fischer Verlag, Frankfurt am Main 1965. S. 152 f.

2 Johann Wolfgang Goethe: »Gedenkausgabe der Werke, Briefe und Gespräche«. Herausgegeben von Ernst Beutler. Artemis Verlag, Zürich und München. Zweite Auflage 1977. (= »Artemis-Gedenkausgabe«). Band 9, S. 535.

3 Der Ausspruch stammt aus Alfred Kerrs Einleitung zu seinen »Gesammelten Schriften«. Zu finden in: Alfred Kerr: »Theaterkritiken«. Herausgegeben von Jürgen Behrens. Verlag Philipp Reclam jun., Stuttgart 1971. S. 9.

EIN PLÄDOYER IN SACHEN LYRIK

Vortrag, gehalten auf einer am 30. November 1980 aus Anlaß der Veröffentlichung des fünften Bandes der »Frankfurter Anthologie« veranstalteten Matinee, in deren Rahmen der F.A.Z.-Preis für Literatur erstmalig verliehen wurde – an Thomas Brasch für seinen Gedichtband »Der schöne 27. September«. Zuerst gedruckt in: F.A.Z. vom 6. Dezember 1980.

1 Johann Wolfgang Goethe: »Artemis-Gedenkausgabe«. Band 9, S. 602.

2 Johann Peter Eckermann: »Gespräche mit Goethe in den letzten Jahren seines Lebens«. Mit einer Einführung herausgegeben von Ernst Beutler. »Artemis-Gedenkausgabe«. Band 24, S. 636.

3 Die Formulierung stammt aus Harald Hartungs bemerkenswertem Aufsatz »Das Gedicht und die Regel«. Zu finden in: »Merkur« 1980, Heft 10.

4 Stefan George: »Werke«. Ausgabe in vier Bänden. Deutscher Taschenbuch Verlag, München 1983. Band 2, S. 310.

5 Heinrich Heine: »Sämtliche Schriften«. Herausgegeben von Klaus Briegleb. Carl Hanser Verlag, München 1968 ff. Band 3 (1971), S. 441.

RICARDA HUCH, DER WEISSE ELEFANT

Dankrede zur Verleihung des Ricarda-Huch-Preises 1981. Zuerst gedruckt in: F.A.Z. vom 27. Juni 1981.

1 Thomas Mann: »Gesammelte Werke in dreizehn Bänden«. Zweite, durchgesehene Auflage. S. Fischer Verlag, Frankfurt/M. 1974. Band 10: Reden und Aufsätze 2, S. 429.

2 Zitiert nach Hans Bender: »Poesie und Historie«. Am zehnten Todestag Ricarda Huchs. In: »Deutsche Zeitung«, Stuttgart 1957, Nr. 92.

3 Ricarda Huch: »Gesammelte Werke«. Herausgegeben von Wilhelm Emrich. Verlag Kiepenheuer & Witsch, Köln. Band 6 (1969): Literaturgeschichte und Literaturkritik, S. 46.

4 Ricarda Huch: »Gesammelte Werke«. Band 11 (1974): Autobiographische Schriften, Nachlese, S. 228.

5 Ricarda Huch: »Gesammelte Werke«. Band 6, S. 76, 81.

6 Ricarda Huch: »Gesammelte Werke«. Band 11, S. 228.

7 Ricarda Huch: »Gesammelte Werke«. Band 6, S. 48.

8 Georg Lukács: »Skizze einer Geschichte der neueren deutschen Literatur«. Aufbau-Verlag, Berlin 1953. S. 43.

9 Zitiert nach Hermann Kesten: »Meine Freunde, die Poeten«. Kindler Verlag, München 1959. S. 562.

10 Ricarda Huch: »Gesammelte Werke«. Band 6, S. 866.

11 Ebenda S. 524.

12 Ricarda Huch: »Gesammelte Werke«. Band 11, S. 372.

13 Ricarda Huch: »Gesammelte Werke«. Band 6, S. 706 u. 708.

14 Inge Jens: »Dichter zwischen rechts und links«. Die Geschichte der Sektion für Dichtkunst der Preußischen Akademie der Künste dargestellt nach Dokumenten. R. Piper & Co. Verlag, München 1971. S. 201.

15 Ebenda S. 202.

16 Ricarda Huch: »Gesammelte Werke«. Band 10 (1976): Geschichte 2, S. 243.

17 Ebenda S. 255.

18 »Nationalsozialistische Monatshefte« 1935, S. 550.

19 Ricarda Huch: »Gesammelte Werke«. Band 5 (1971): Gedichte, Dramen, Reden, Aufsätze und andere Schriften, S. 948.

20 Ricarda Huch: »Gesammelte Werke«. Band 1 (1966): Romane, S. 129.

21 Ricarda Huch: »Gesammelte Werke«. Band 5, S. 818.

HERMANN KESTEN, DER LITERAT
Zum achtzigsten Geburtstag von Hermann Kesten. – Zuerst in: F.A.Z. vom 28. Januar 1980.

1 Heinrich Heine: »Sämtliche Schriften«. Band 1 (1968), S. 399 und Band 6, 1 (1975), S. 483.

2 Hermann Kesten: »Filialen des Parnass«. 31 Essays. Kindler Verlag, München 1961. S. 321.

3 »Die Zeit« vom 22. Januar 1960.

MARIE LUISE KASCHNITZ, DIE MEISTERIN DES BEREDTEN SCHWEIGENS
Festvortrag auf einer Matinee aus Anlaß des zehnten Todestages von Marie
Luise Kaschnitz im Kaisersaal des Römers in Frankfurt am Main. Zuerst
in: F.A.Z. vom 20. Oktober 1984.

1 Marie Luise Kaschnitz: »Die Schwierigkeit, unerbittlich zu sein«.
Interview mit sich selbst. In: »Die Welt«, 11. November 1965.

2 Aufschlußreich ist die sorgfältige »Kaschnitz-Bibliographie« von Elisabeth Linpinsel (Claassen Verlag, Düsseldorf 1971).

3 Horst Bienek: »Werkstattgespräche mit Schriftstellern«. Carl Hanser
Verlag, München 1962. S. 34.

4 »Süddeutsche Zeitung« vom 1. Dezember 1973.

5 So Karl Krolow im »Insel Almanach auf das Jahr 1971«. (Herausgegeben von Hans Bender für Marie Luise Kaschnitz. Insel Verlag, Frankfurt am Main, 1970.) S. 48.

6 »Neue Zürcher Zeitung« vom 20. August 1982.

7 Die Äußerungen stammen aus Günter Blöckers Kritik des Erzählungsbandes »Ferngespräche« in der F.A.Z. vom 24. Dezember 1966.

8 Der häufig (und nicht selten falsch) zitierte Ausspruch findet sich in
Schnitzlers Einakter »Paracelsus«. (Arthur Schnitzler: »Die Dramatischen Werke«. S. Fischer Verlag, Frankfurt am Main 1962. Band 1,
S. 498.)

9 Marie Luise Kaschnitz: »Gesammelte Werke«. Herausgegeben von
Christian Büttrich und Norbert Miller. Insel Verlag, Frankfurt am
Main. Band 3 (1982): Die autobiographische Prosa 2, S. 821 f.

10 Ebenda S. 285 f.

11 Marie Luise Kaschnitz: »Die Schwierigkeit, unerbittlich zu sein.«
A.a.O.

12 »Büchner-Preis-Reden 1951–1971«. Mit einem Vorwort von Ernst
Johann. Verlag Philipp Reclam jun., Stuttgart 1972. S. 28.

13 Marie Luise Kaschnitz: »Gesammelte Werke«. Band 3, S. 500.

14 Marie Luise Kaschnitz: »Gesammelte Werke«. Band 2 (1981): Die
autobiographische Prosa 1, S. 549.

15 Marie Luise Kaschnitz: »Gesammelte Werke«. Band 3, S. 827.

16 Ebenda S. 574.

17 Ebenda S. 214.

WOLFGANG KOEPPEN, DER DICHTER DER AGGRESSIVEN RESIGNATION
Rede zur Eröffnung der Wolfgang-Koeppen-Ausstellung der Stadt- und
Universitätsbibliothek Frankfurt am Main. – Zuerst in: »Literatur und
Kritik«, Heft 173/174, April/Mai 1983.

1 Johann Wolfgang Goethe: »Artemis-Gedenkausgabe«. Band 10,
S. 312.

2 Wolfgang Koeppen: »Die elenden Skribenten«. Aufsätze. Herausgegeben von Marcel Reich-Ranicki. Suhrkamp Verlag, Frankfurt am Main
  1981. S. 295.
3 Ebenda S. 274.

HANS WERNER RICHTER ODER EINE KLEINE UNSTERBLICHKEIT
Zum siebzigsten Geburtstag von Hans Werner Richter. – Zuerst in: F.A.Z.
vom 11. November 1978.
1 Friedrich Schlegel: »Kritische Schriften«. Herausgegeben von Wolfdietrich Rasch. Carl Hanser Verlag, München 1964. S. 358.

FRIEDRICH LUFT ODER QUITTUNGEN FÜR ERLEBTES
Laudatio aus Anlaß der Verleihung des Ricarda-Huch-Preises 1978. Zuerst
in: F.A.Z. vom 24. Juni 1978.
 1 Kerrs programmatische Äußerungen stammen aus dem Vorwort zu
   seinem Buch »Das neue Drama« (1905). Jetzt zu finden in: Alfred
   Kerr: »Die Welt im Drama«. Herausgegeben von Gerhard F. Hering.
   Verlag Kiepenheuer & Witsch, Köln. Zweite Auflage 1964. S. 15 f.
 2 So heißt es in Iherings Vorwort zu seinem Buch: »Von Reinhardt bis
   Brecht«. Vier Jahrzehnte Theater und Film. Aufbau-Verlag, Berlin
   1961. Band 1: 1909–1923, S. 8.
 3 Herbert Ihering: »Die Zwanziger Jahre«. Aufbau Verlag, Berlin 1948.
   S. 148.
 4 Friedrich Lufts Aufsatz über »Das Wesen der Kritik« findet sich in
   dem Sammelband: »Kritik in unserer Zeit – Literatur, Theater, Musik,
   Bildende Kunst«. Vandenhoeck & Ruprecht, Göttingen 1960. S. 28 ff.
 5 Ebenda S. 37.
 6 Der »Torspruch«, mit dem Kerr sein Buch »Es sei wie es wolle, es war
   doch so schön!«, einen 1928 im S. Fischer Verlag, Berlin, erschienenen
   Sammelband mit Skizzen, Impressionen, Reisebeschreibungen und
   Gedichten, eröffnet hatte, beginnt mit den Worten: »Dies Buch enthält
   Quittungen für Erlebtes. Es ist ein Dank an das Glück; ein Gruß an
   den Schmerz.«
 7 Johann Wolfgang Goethe: »Artemis-Gedenkausgabe«. Band 8, S. 165.
 8 Friedrich Luft: »Stimme der Kritik«. Berliner Theater seit 1945. Friedrich Verlag, Velber bei Hannover. Dritte, neubearbeitete und erweiterte Auflage 1965. S. 70.
 9 Ebenda S. 91.
10 Ebenda S. 13.
11 Ebenda S. 49.
12 Reinhard Baumgarts Kritik (»Musical für Staatstheater«) erschien im
   »Spiegel« 1964, Heft Nr. 25. S. 82.

Anmerkungen und Verweise 193

13 Ebenda S. 359–363.
14 Ebenda S. 297 f.
15 Karl Jaspers: »Philosophie«. Band 2: »Existenzerhellung«. Verlag Julius Springer, Berlin 1932. S. 69.
16 Novalis: »Werke und Briefe«. Herausgegeben von Alfred Kelletat. Winkler Verlag, München 1962. S. 350.
17 »Kritik in unserer Zeit«. S. 34.
18 Ebenda S. 41.

HILDE SPIEL ODER IN DEN LÜFTEN EUROPAS
Rede zum siebzigsten Geburtstag von Hilde Spiel. – Zuerst in: »Börsenblatt für den Deutschen Buchhandel« vom 19. Januar 1982.
1 Arthur Schopenhauer: »Zürcher Ausgabe«. Werke in zehn Bänden. Diogenes Verlag, Zürich 1977. Bd. 2,2; S. 565.
2 Hilde Spiel: »In meinem Garten schlendernd«. Essays. Nymphenburger Verlagshandlung, München 1981. S. 126.
3 Martin Walser: »Liebeserklärungen«. Suhrkamp Verlag, Frankfurt/M. 1983. S. 183.
4 Heinrich Heine: »Sämtliche Schriften«. Band 4 (1971), S. 141.
5 Hilde Spiel: »Kleine Schritte«. Berichte und Geschichten. edition spangenberg im Verlag Heinrich Ellermann, München 1976. S. 16.
6 Ebenda S. 46.
7 Zitiert nach Hans von Hülsen: »Gerhart Hauptmann – Siebzig Jahre seines Lebens«. S. Fischer Verlag, Berlin 1932. S. 82.
8 Bei Schlegel heißt es: »Alles was Lessing getan, gebildet, versucht und gewollt hat, läßt sich am füglichsten unter den Begriff Kritik zusammenfassen.« – Friedrich Schlegel: »Kritische Schriften«. S. 390.

HEINRICH BÖLL ODER MEHR ALS EIN DICHTER
Zum sechzigsten Geburtstag von Heinrich Böll. – Zuerst in: F.A.Z. vom 17. Dezember 1977.
1 So heißt es in Thomas Manns Brief an den Dekan der Philosophischen Fakultät der Universität Bonn (Neujahr 1937). Zu finden in: Thomas Mann: »Gesammelte Werke in dreizehn Bänden«. Band 12: Reden und Aufsätze 4, S. 787.
2 Die Äußerungen finden sich in Bölls Dankrede anläßlich der Verleihung der Carl-von-Ossietzky-Medaille im Dezember 1974. Siehe: Heinrich Böll: »Einmischung erwünscht«. Schriften zur Zeit. Verlag Kiepenheuer & Witsch, Köln 1977. S. 186.
3 Ebenda.
4 F.A.Z. vom 18. Juni 1977.

HORST KRÜGER, DIE BEISPIELHAFTE VERSUCHSPERSON
Laudatio aus Anlaß der Verleihung des Thomas-Dehler-Preises 1970.
Zuerst in: »Die Zeit« vom 30. Oktober 1970.
1 Karl Marx: »Ausgewählte Schriften«. Herausgegeben und eingeleitet
von Boris Goldenberg. Kindler Verlag, München 1962. S. 317.

FRIEDRICH DÜRRENMATT ODER LEIDER EIN MYTHOS
Zum sechzigsten Geburtstag von Friedrich Dürrenmatt. – Zuerst in:
F.A.Z. vom 5. Januar 1981.
1 F.A.Z. vom 3. Januar 1981.
2 In Dürrenmatts 1959 gehaltener Rede über Schiller (zu finden in:
Friedrich Dürrenmatt: »Theater-Schriften und Reden«. Herausgegeben
von Elisabeth Brock-Sulzer. Verlag Die Arche, Zürich 1966.) heißt es im
Fazit: »So verwandeln sich denn Schiller *und* Brecht aus unseren Rich-
tern, die uns verurteilen, in unser Gewissen, das uns nie in Ruhe läßt.«

PETER DEMETZ, DER ARTISTISCHE GELEHRTE
Zum sechzigsten Geburtstag von Peter Demetz. Zuerst in: F.A.Z. vom
21. Oktober 1982.
1 »Deutsche Akademie für Sprache und Dichtung«. Jahrbuch 1979, 2.
Lieferung. Verlag Lambert Schneider, Heidelberg 1980. S. 98.
2 Ebenda S. 99.
3 Peter Demetz: »René Rilkes Prager Jahre«. Eugen Diederichs Verlag,
Düsseldorf 1953. S. 5 f.
4 Peter Demetz: »Marx, Engels und die Dichter«. Zur Grundlagenfor-
schung des Marxismus. Deutsche Verlags-Anstalt, Stuttgart 1959. S. 13.
5 Ebenda S. 12.
6 Ebenda S. 14.
7 Peter Demetz: »Formen des Realismus: Theodor Fontane«. Kritische
Untersuchungen. Carl Hanser Verlag, München 1964. S. 222.

WALTER JENS, DER REDNER DIESER REPUBLIK
Zum sechzigsten Geburtstag von Walter Jens. Zuerst in: F.A.Z. vom 8.
März 1983.
1 Vgl. Walter Jens: »In Sachen Lessing«. Vorträge und Essays. Verlag
Philipp Reclam jun., Stuttgart 1983. (= Reclams Universal-Bibliothek
Nr. 7931).

SIEGFRIED UNSELD ODER DIE WOLLUST AM BUCH
Zum sechzigsten Geburtstag von Siegfried Unseld. Zuerst in: F.A.Z. vom
28. September 1984.

1 »Ricarda-Huch-Preis«. Reden zur Preisverleihung am 14. Juni 1984 an Siegfried Unseld. Herausgegeben vom Magistrat der Stadt Darmstadt, Kulturdezernat. Darmstadt o.J. S. 28.

2 Hans Magnus Enzensberger: »Einzelheiten«. Suhrkamp Verlag, Frankfurt/M. 1962. S. 119.

3 Siegfried Unseld: »Der Marienbader Korb«. Über die Buchgestaltung im Suhrkamp Verlag. Willy Fleckhaus zu ehren. Maximilian Gesellschaft, Hamburg 1976. S. 22 f.

4 Siegfried Unseld: »Der Autor und sein Verleger«. Vorlesungen in Mainz und Austin. Suhrkamp Verlag, Frankfurt/M. 1978. S. 54.

Siegfried Lenz, die Ein-Mann-Partei
Jubiläumsrede aus Anlaß des millionsten Exemplars der Geschichtensammlung »So zärtlich war Suleyken« in der Taschenbuch-Ausgabe. Zuerst gedruckt in: »Der Monat« 1981, Heft 3.

1 Siegfried Lenz: »Beziehungen«. Ansichten und Bekenntnisse zur Literatur. Hoffmann und Campe Verlag, Hamburg 1970. S. 259.

2 Ebenda S. 278.

3 Ebenda S. 287.

4 Ebenda S. 105, 115.

Martin Walser, das anatomische Wunder
Laudatio aus Anlaß der Verleihung der Heine-Plakette. Zuerst in: F.A.Z. vom 28. März 1981.

1 Vgl. Thomas Mann: »Briefwechsel mit seinem Verleger Gottfried Bermann Fischer 1932–1955«. Herausgegeben von Peter de Mendelssohn. S. Fischer Verlag, Frankfurt/M. 1973. S. 100, 255 und 296.

2 Martin Walser: »Wer ist ein Schriftsteller?«. Aufsätze und Reden. Suhrkamp Verlag, Frankfurt/M. 1979. (= edition suhrkamp 959). S. 102.

3 Zitiert nach Martin Walser: »Erfahrungen und Leseerfahrungen«. Suhrkamp Verlag, Frankfurt/M. 1965. (= edition suhrkamp 109). S. 153.

4 Martin Walser: »Wie und wovon handelt Literatur«. Aufsätze und Reden. Suhrkamp Verlag, Frankfurt/M. 1973. (= edition suhrkamp 642). S. 37 f.

5 Martin Walser: »Erfahrungen und Leseerfahrungen«. S. 98.

6 Martin Walser: »Wer ist ein Schriftsteller?«. S. 19.

7 Zitiert nach Martin Walser: »Wer ist ein Schriftsteller?« S. 75.

8 Ebenda S. 43.

9 »Neue Rundschau« 1981, Heft 1, S. 53 f.

10 Heinrich Heine: »Sämtliche Schriften«. Band 3, S. 440 f. und 442.

GÜNTER KUNERT, DER DICHTER DES ZWECKLOSEN UND SINNVOLLEN
Laudatio aus Anlaß der Überreichung der Ehrengabe des Kulturkreises im
Bundesverband der Deutschen Industrie. – Zuerst in: F.A.Z. vom 27. November 1980.

1 Bei dem oft zitierten Ausspruch handelt es sich nicht etwa um ein
Sprichwort, sondern um den ersten Vers des Gedichtes »Rondel de
l'adieu« von Edmond Haraucourt (1856–1942).

2 Günter Kunert: »Abtötungsverfahren«. Gedichte. Carl Hanser Verlag,
München 1980.

3 Die Äußerungen stammen aus Marcel Reich-Ranickis Gespräch mit
Günter Kunert, gedruckt in der F.A.Z. vom 24. November 1979.

4 Die Formulierung stammt aus Börnes Schrift »Menzel der Franzosenfresser«. Zu finden in: Ludwig Börne: »Sämtliche Schriften«. Neu
bearbeitet und herausgegeben von Inge und Peter Rippmann. Joseph
Melzer Verlag, Düsseldorf 1964. Band 3, S. 942.

PETER RÜHMKORF, DER PREDIGER MIT DER SCHIEBERMÜTZE
Die Laudatio wurde aus Anlaß der Verleihung des Erich-Kästner-Preises
1979 an Peter Rühmkorf gehalten und zuerst in der F.A.Z. vom 3. März
1979 gedruckt.

1 Peter Rühmkorf: »Die Jahre die Ihr kennt«. Anfälle und Erinnerungen.
Rowohlt Taschenbuch Verlag, Reinbek bei Hamburg 1972. S. 250 f.

2 Der Ausspruch stammt aus dem Gedicht »Was erwartet man noch von
mir«. – Bertolt Brecht: »Gesammelte Werke in acht Bänden«. Herausgeben vom Suhrkamp Verlag in Zusammenarbeit mit Elisabeth Hauptmann. Suhrkamp Verlag, Frankfurt/M. 1967. Band 4, S. 101.

3 Hans Magnus Enzensbergers Aufsatz »Bruder Lustig und metaphysischer Dichter« erschien in der F.A.Z. vom 22. Mai 1976.

4 Peter Rühmkorf: »Kunststücke«. Fünfzig Gedichte nebst einer Anleitung zum Widerspruch. Rowohlt Verlag, Reinbek bei Hamburg 1962.
S. 134.

5 Peter Rühmkorf: »Die Jahre die Ihr kennt«. S. 83.

6 Das Zitat stammt aus Rühmkorfs Aufsatz »Paradoxe Existenz«, enthalten in: »Mein Gedicht ist mein Messer – Lyriker zu ihren Gedichten«.
Herausgegeben von Hans Bender. Paul List Verlag, München 1961.
S. 149.

7 Die Formulierung findet sich in dem Aufsatz »Bei Durchsicht meiner
Bücher«, enthalten in: Erich Kästner, »Gesammelte Schriften«, Verlag
Kiepenheuer & Witsch, Köln 1959. Band 5: Vermischte Beiträge, S. 489.

8 Peter Rühmkorf: »Kunststücke«. S. 127.

9 Peter Rühmkorf: »Die Jahre die Ihr kennt«. S. 252.

HANS JOACHIM SCHÄDLICH, DER VIRTUOSE CHRONIST AUS DER DDR
Laudatio aus Anlaß der Verleihung des Rauriser Literaturpreises 1977. –
Zuerst in: F.A.Z. vom 10. Februar 1978.
1 Max Frisch: »Gesammelte Werke in zeitlicher Folge«. Herausgegeben
   von Hans Mayer unter Mitwirkung von Walter Schmitz. Suhrkamp
   Verlag, Frankfurt am Main 1976. Band 4, S. 245.
2 Max Frisch: »Gesammelte Werke in zeitlicher Folge.« Band 2, S. 361.
3 Hans Joachim Schädlich: »Versuchte Nähe«. Prosa. Rowohlt Verlag,
   Reinbek bei Hamburg 1977.

KARIN RESCHKE ODER DER DOPPELSELBSTMORD AM KLEINEN WANNSEE
Ansprache aus Anlaß der Verleihung des F.A.Z.-Literaturpreises an Karin
Reschke. – Zuerst in: F.A.Z. vom 12. Februar 1983.
   1 Der Artikel ist zu finden in: »Heinrich von Kleists Nachruhm.« Eine
      Wirkungsgeschichte in Dokumenten. Herausgegeben von Helmut
      Sembdner. Insel Verlag, Frankfurt am Main 1982. Band 2, S. 31 ff.
   2 Ebenda S. 57.
   3 Günter Blöcker: »Heinrich von Kleist oder Das absolute Ich«. Argon
      Verlag, Berlin 1960. S. 100.
   4 »Heinrich von Kleists Nachruhm«. S. 294.
   5 »Kleist – Geschichte meiner Seele«. Das Lebenszeugnis der Briefe.
      Herausgegeben von Helmut Sembdner. Insel Verlag, Frankfurt am
      Main 1977. S. 287 f.
   6 Ebenda S. 252.
   7 Ebenda S. 401.
   8 Ebenda S. 401.
   9 Ebenda S. 399.
10 Ebenda S. 397.
11 Ebenda S. 394 f. und 426.
12 Günter Blöcker: »Heinrich von Kleist oder Das absolute Ich«. S. 111.
13 Karin Reschke: »Verfolgte des Glücks«. Findebuch der Henriette
      Vogel. Rotbuch Verlag, Berlin 1982. (= Rotbuch 266).
14 »Kleist – Geschichte meiner Seele«. S. 299 f.
15 Ebenda S. 292.

HERMANN BURGER, DER SPIELMEISTER VOR DEM ABGRUND
Laudatio aus Anlaß der Verleihung des Friedrich-Hölderlin-Preises 1983.
– Zuerst gedruckt in: »Merkur« 1983, Heft 7.
1 Thomas Mann: »Gesammelte Werke in dreizehn Bänden«. Band 11:
   Reden und Aufsätze 3, S. 332.
2 Hermann Burger: »Ein Mann aus Wörtern«. S. Fischer Verlag, Frank-
   furt/M. 1983. S. 243 f.

198 *Anmerkungen und Verweise*

NOTIZEN ZUR TRADITION
Geschrieben für den Sammelband: »Literatur in der Demokratie«. Für
Walter Jens zum 60. Geburtstag. Herausgegeben von Wilfried Barner,
Martin Gregor-Dellin, Peter Härtling und Egidius Schmalzriedt. Kindler
Verlag, München 1983. – Zuerst in: F.A.Z. vom 5. März 1983.

1 Ricarda Huch: »Gesammelte Werke«. Band 5, S. 793.

2 Friedrich Nietzsche: »Werke in zwei Bänden«. Ausgewählt und eingeleitet von August Messer. Alfred Kröner Verlag, Leipzig 1930. Band 2,
S. 334.

3 Johann Wolfgang Goethe: »Artemis-Gedenkausgabe«. Band 14, S. 801.

4 »Gustav Mahler. Im eigenen Wort – Im Wort der Freunde.« Herausgegeben von Willi Reich. Verlag Die Arche, Zürich 1958. S. 47.

5 Theodor W. Adornos »Thesen über Tradition« finden sich in seinem
Buch: »Ohne Leitbild«. Suhrkamp Verlag, Frankfurt am Main 1967.
(= edition suhrkamp Nr. 201). S. 29–41.

6 »Goethes Briefe«. Band 4. Christian Wegner Verlag, Hamburg 1967.
S. 46.

7 Peter Rühmkorf: »Bleib erschütterbar und widersteh«. Aufsätze, Reden,
Selbstgespräche. Rowohlt Verlag, Reinbek bei Hamburg 1984. S. 40.

8 Ricarda Huch: »Gesammelte Werke«. Band 5, S. 818.

Biographische Notiz

Marcel Reich-Ranicki wurde am 2. Juni 1920 in Włocławek an der Weichsel geboren, einer polnischen Kleinstadt, in deren unmittelbarer Nachbarschaft die deutsch-russische Grenze bis zum Ende des Ersten Weltkriegs verlief. Sein Vater, David Reich, stammte aus dem russischen Teil Polens, seine Mutter, Helene, geborene Auerbach, aus Preußen. Die Vorfahren waren väterlicherseits Kaufleute und mütterlicherseits Rabbiner.

In Włocławek besuchte Reich-Ranicki eine deutsche Volksschule. 1929 siedelte die Familie nach Berlin um. Er war Schüler zunächst des Werner-Siemens-Gymnasiums in Berlin-Schöneberg und dann des Fichte-Gymnasiums in Berlin-Wilmersdorf. Kurz nach dem Abitur wurde er (im Herbst 1938) als polnischer Staatsbürger verhaftet und nach Polen deportiert.

Er lebte nun in Warschau und ab 1940 im Warschauer Getto, in dessen Verwaltung, dem »Judenrat«, er als Übersetzer und Dolmetscher tätig war. Nachdem er Anfang 1943 an einer Widerstandsaktion der Jüdischen Kampforganisation (ZOB) teilgenommen hatte, gelang ihm zusammen mit Teofila, geborene Langnas, mit der er seit 1942 verheiratet ist, die Flucht aus dem Getto. Von nun an lebten sie in Warschau im Untergrund. Sein 1973 erschienenes Buch *Über Ruhestörer – Juden in der deutschen Literatur* widmete Reich-Ranicki »dem Andenken jener, die von Deutschen ermordet wurden, weil sie Juden waren. Zu ihnen gehören mein Vater David Reich, meine Mutter Helene, geb. Auerbach, und mein Bruder Alexander Herbert Reich.«

Nach Kriegsschluß blieb Reich-Ranicki in Warschau. Er trat der Kommunistischen Partei Polens bei. 1946 arbeitete er in der Polnischen Militärmission in Berlin und 1947 im Polnischen Außenministerium in Warschau. In den Jahren 1948 und 1949 war er Konsul und Leiter des Generalkonsulats der Republik Polen in London. Ende 1949 bat er aus politischen Gründen um seine Abberufung aus London. Er kehrte nach Warschau zurück, wurde fristlos aus dem Auswärtigen Dienst entlassen, aus der Kommunistischen Partei ausgeschlossen (Begründung: »ideologische Entfremdung«), inhaftiert und einige Wochen in einer Einzelzelle gefangengehalten.

In den Jahren 1950 und 1951 war Reich-Ranicki als Verlagslektor tätig: Er gründete und leitete im Verlag des Ministeriums der Nationalen Verteidigung in Warschau eine Abteilung für deutschsprachige Belletristik. Ende 1951 verließ er diesen Verlag und betätigte sich von nun an als freier Schriftsteller. Doch von Anfang 1953 an durfte er nichts mehr veröffentlichen: Das von dem Zentralkomitee der Kommunistischen Partei erlassene generelle Publikationsverbot wurde erst während des »Tauwetters«, Ende 1954, wieder aufgehoben.

Reich-Ranicki befaßte sich in diesen Jahren mit der deutschen Literatur der Gegenwart und der Vergangenheit, veröffentlichte Kritiken und Essays in allen wichtigeren polnischen Zeitschriften und Zeitungen (vor allem in der Monatsschrift *Twòrczosc* und in der Wochenzeitung *Nowa Kultura*) und gelegentlich auch in den Zeitschriften der DDR (so in der *Neuen Deutschen Literatur*). Überdies verfaßte er ein Buch mit dem Titel *Aus der Geschichte der deutschen Literatur 1871–1954* (Warschau 1955) und eine Monographie über *Die Epik der Anna Seghers* (Warschau 1957), schrieb kritische Einleitungen und Nachworte zu polnischen Ausgaben einzelner Werke von Goethe, Fontane, Storm, Raabe, Heinrich Mann, Hesse, Kellermann, Leonhard Frank und anderen und gab eine polnische Anthologie deutscher Exil-Prosa aus der Zeit von 1933 bis 1945 heraus (*Der Weg durch die Dämmerung*, Warschau 1951). Ferner übersetzte er (zusammen mit Andrzej Wirth) Kafkas *Schloß* (in der Bühnenfassung von Max Brod) und Dürrenmatts *Besuch der alten Dame*.

Im Sommer 1958 hielt sich Reich-Ranicki zu Studienzwecken in der Bundesrepublik auf und kehrte von dieser Reise nicht mehr nach Polen zurück.

Er lebte bis 1959 in Frankfurt, dann bis Ende 1973 in Hamburg und wohnt jetzt wieder in Frankfurt. Nachdem er zuerst für die *Frankfurter Allgemeine Zeitung* und *Die Welt* gearbeitet hatte, war er von 1960 bis 1973 ständiger Literaturkritiker der Wochenzeitung *Die Zeit*. Am 1. Dezember 1973 trat er in die Redaktion der *Frankfurter Allgemeinen Zeitung* ein, in der er als leitender Redakteur für Literatur und literarisches Leben zuständig ist.

Von 1965 bis 1972 war Reich-Ranicki Mitarbeiter der *Encyclopaedia Britannica*, von 1958 bis 1967 nahm er an den Tagungen der *Gruppe 47* teil. Vortragsreisen führten ihn in die USA, nach Kanada, Israel, China, Australien, Neuseeland und in zahlreiche europäische Länder. 1968 war er Gastprofessor für deutsche Literatur des 20. Jahrhunderts an der Washington University in St. Louis (USA) und 1969 am Middlebury College (USA). Von 1971 bis 1975 lehrte er als ständiger Gastprofessor für Neue Deutsche Literatur an den Universitäten Stockholm und Uppsala. Seit 1974 ist er Honorarprofessor an der Universität Tübingen.

1972 hat ihm die Universität Uppsala die Ehrendoktorwürde verliehen, 1976 wurde er als ein »bedeutender Literaturkritiker, der die Literatur und die Literaturkritik maßgeblich gefördert hat«, mit der Heine-Plakette ausgezeichnet. 1981 erhielt Reich-Ranicki, »der mit Leidenschaft und Verantwortung für die Literatur des gesamten deutschsprachigen Raums eintritt«, den Ricarda-Huch-Preis. 1983 ehrte ihn die Akademie der Wissenschaften und der Literatur in Mainz mit der Wilhelm-Heinse-Medaille: Sie würdigte damit »einen Kritiker und Essayisten, der seit einem Vierteljahrhundert das literarische Leben in Deutschland maßgebend« beeinflusse und dessen Schaffen »dem ebenso grandiosen wie utopischen Versuch« gelte, »Literatur zu einer öffentlichen Sache zu machen«. 1984 wurde Reich-Ranicki »als herausragende Persönlichkeit des literarischen Lebens« mit der Goethe-Plakette der Stadt Frankfurt am Main ausgezeichnet.

Bibliographie der Arbeiten Marcel Reich-Ranickis

1. Selbständige Buchveröffentlichungen
Deutsche Literatur in West und Ost. Prosa seit 1945. München 1963. – Taschenbuch-Ausgabe: rororo Nr. 1313–1314–1315, Reinbek bei Hamburg 1970. – Neuausgabe: Stuttgart 1983.
Literarisches Leben in Deutschland. Kommentare und Pamphlete. München 1965.
Wer schreibt, provoziert. Kommentare und Pamphlete. dtv Nr. 384, München 1965.
Literatur der kleinen Schritte. Deutsche Schriftsteller heute. München 1967. – Erweiterte Taschenbuch-Ausgabe: Ullstein Buch Nr. 2867, Frankfurt/M.–Berlin–Wien 1971.
Die Ungeliebten. Sieben Emigranten. Opuscula Nr. 39, Pfullingen 1968.
Deutsche Literatur heute. (Auswahlband für den Bertelsmann Lesering.) Gütersloh o.J. (1969).
Lauter Verrisse. Mit einem einleitenden Essay. München 1970. – Erweiterte Taschenbuch-Ausgabe: Ullstein Buch Nr. 3009, Frankfurt/M.–Berlin–Wien 1973. – Erweiterte Neuausgabe: Stuttgart 1984.
Über Ruhestörer. Juden in der deutschen Literatur. Serie Piper Nr. 48, München 1973. – Erweiterte Taschenbuch-Ausgabe: Ullstein Buch Nr. 3335, Frankfurt/M.–Berlin–Wien 1977.
Zur Literatur der DDR. Serie Piper Nr. 94, München 1974.
Nachprüfung. Aufsätze über deutsche Schriftsteller von gestern. München 1977. – Erweiterte Neuausgabe: Stuttgart 1980. – Taschenbuch-Ausgabe: dtv Nr. 10226, München 1984.
Entgegnung. Zur deutschen Literatur der siebziger Jahre. Stuttgart 1979. –

Erweiterte Neuausgabe: Stuttgart 1981. – Taschenbuch-Ausgabe: dtv Nr. 10018, München 1982.

Betrifft Goethe. (Zusammen mit der Rede des Kanzlers Friedrich von Müller von 1832.) Zürich und München 1982.

Nichts als Literatur. Aufsätze und Anmerkungen. Reclams Universal-Bibliothek 8076, Stuttgart 1985.

2. HERAUSGEGEBENE BÜCHER

Auch dort erzählt Deutschland. Prosa von »drüben«. List-Bücher Nr. 170, München 1960.

Sechzehn Polnische Erzähler. rororo Nr. 524–525, Reinbek bei Hamburg 1962.

Erfundene Wahrheit. Deutsche Geschichten seit 1945. München 1965.

Notwendige Geschichten 1933–1945. München 1967. – Taschenbuch-Ausgabe: dtv Nr. 1528, München 1980.

In Sachen Böll. Ansichten und Einsichten. Köln 1968. Dritte, erweiterte Auflage: Köln 1968. – Taschenbuch-Ausgabe: dtv Nr. 730, München 1971.

Gesichtete Zeit. Deutsche Geschichten 1918–1933. München 1969. – Taschenbuch-Ausgabe: dtv Nr. 1527, München 1980.

Anbruch der Gegenwart. Deutsche Geschichten 1900–1918. München 1971. – Taschenbuch-Ausgabe: dtv Nr. 1526, München 1980.

Erfundene Wahrheit. Deutsche Geschichten 1945–1960 (Veränderte Neuauflage). München 1972. – Taschenbuch-Ausgabe: dtv Nr. 1529, München 1980.

Verteidigung der Zukunft. Deutsche Geschichten seit 1960. München 1972. – Taschenbuch-Ausgabe: Deutsche Geschichten 1960–1980. dtv Nr. 1530, München 1980.

Frankfurter Anthologie. Gedichte und Interpretationen. (Bisher 9 Bände). Frankfurt/M. 1976–1985.

Ludwig Börne: *Spiegelbild des Lebens.* Aufsätze über Literatur. suhrkamp taschenbuch 408, Frankfurt/M. 1977.

Klagenfurter Texte zum Ingeborg-Bachmann-Preis 1977, 1978, 1979, 1980, 1981, 1982 (6 Bände). (Mitherausgeber: Humbert Fink und Ernst Willner.) München 1977–1982.

Wolfgang Koeppen: *Die elenden Skribenten.* Aufsätze. Frankfurt/M. 1981. – Taschenbuch-Ausgabe: suhrkamp taschenbuch 1008, Frankfurt/M. 1984.

Meine Schulzeit im Dritten Reich. Erinnerungen deutscher Schriftsteller. Köln 1982. – Taschenbuch-Ausgabe: dtv Nr. 10328, München 1984.

Alfred Polgar: *Kleine Schriften.* Band I, *Musterung.* Reinbek bei Hamburg 1982. Band 2 *Kreislauf.* Reinbek bei Hamburg 1983. Band 3 *Irrlicht.*

Reinbek bei Hamburg 1984 .Band 4 *Literatur*. Reinbek bei Hamburg 1984.
Band 5 *Theater I*. Reinbek bei Hamburg 1985.
Klagenfurter Texte zum Ingeborg-Bachmann-Preis 1983, 1984, 1985. (Mitherausgeber: Humbert Fink), München 1983–1985.
Hundert Gedichte werden vorgestellt. Eine zeitgenössische Auswahl aus der Frankfurter Anthologie. Gütersloh o.J. (1983).
Deutsche Erzählungen des 20. Jahrhunderts. Stuttgart o.J. (1983).
Über die Liebe. Gedichte und Interpretationen aus der *Frankfurter Anthologie*. Insel Taschenbuch 794, Frankfurt/M. 1985.